POLYGLOTT on tour

Dalmatien

Der Autor
Friedrich Köthe

Unser E-Book-Code zur elektronischen Erweiterung des POLYGLOTT on tour. Das kostenlose E-Book enthält die im Reiseführer aufgeführten Adressen entlang der Touren, beispielsweise zu Essen und Trinken, Shoppen, Aktivitäten und Hotel-Tipps. Links auf einen externen Kartendienst vereinfachen das Auffinden dieser Adressen.

**Mit großer Faltkarte
& 80 Stickern
für die individuelle Planung**

www.polyglott.de

6 Typisch

SPECIALS
- 30 Kinder
- 59 Nationalpark Plitvice
- 100 Mostar

- 8 Dalmatien ist eine Reise wert!
- 11 Reisebarometer
- 12 50 Dinge, die Sie …
- 19 Was steckt dahinter?
- 159 Meine Entdeckungen
- 160 Checkliste Dalmatien

ERSTKLASSIG!
- 22 Besondere Aussichtspunkte
- 27 Strandschönheiten
- 29 Wunderbar übernachten
- 41 Grandiose Museen
- 44 Restaurants vom Feinsten
- 45 Bunte Märkte
- 133 Dalmatien gratis

20 Reiseplanung & Adressen

- 22 Die Reiseregion im Überblick
- 24 Klima & Reisezeit
- 25 Anreise
- 25 Reisen in der Region
- 26 Sport & Aktivitäten
- 29 Unterkunft
- 152 Infos von A–Z
- 155 Register & Impressum

ALLGEMEINE KARTEN
- 4 Übersichtskarte der Kapitel
- 34 Die Lage von Dalmatien

REGIONEN-KARTEN
- 53 Norddalmatien
- 82 Mitteldalmatien
- 122 Süddalmatien

32 Land & Leute

- 34 Steckbrief
- 36 Geschichte im Überblick
- 37 Natur & Umwelt
- 39 Kunst & Kultur
- 42 Feste & Veranstaltungen
- 43 Essen & Trinken
- 158 Mini-Dolmetscher

STADTPLÄNE
- 63 Zadar
- 72 Šibenik
- 91 Split
- 137 Dubrovnik

SYMBOLE ALLGEMEIN

  Besondere Tipps der Autoren

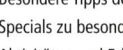 Specials zu besonderen Aktivitäten und Erlebnissen

 Spannende Anekdoten zum Reiseziel

 Top-Highlights und Highlights der Destination

Top-Touren & Sehenswertes

Norddalmatien
- 49 Tour ① Wandern im nördlichen Velebit
- 50 Tour ② Radtour zum Mond
- 51 Tour ③ Die Inseln Ugljan und Pašman
- 54 Tour ④ Insel Dugi otok in ihrer ganzen Länge
- 55 Unterwegs in der Region

Mitteldalmatien
- 77 Tour ⑤ Stadtspaziergang Split
- 79 Tour ⑥ Durch Canyon und Tal der Cetina
- 80 Tour ⑦ Aussichtsbalkon Sv. Jure
- 81 Tour ⑧ Auf der Insel Hvar
- 84 Unterwegs in der Region

Süddalmatien
- 118 Tour ⑨ Ins Neretva-Delta
- 120 Tour ⑩ Radeln auf der Insel Mljet
- 121 Tour ⑪ An der Rijeka Dubrovačka
- 124 Tour ⑫ Durchs Konavle-Tal
- 125 Unterwegs in der Region

Extra-Touren
- 149 Tour ⑬ Auf der Adria-Magistrale von Zadar nach Dubrovnik in sieben Tagen
- 150 Tour ⑭ Eine Woche per Auto/Schiff auf den mittel- und süddalmatischen Inseln

---

TOUR-SYMBOLE

①	Die POLYGLOTT-Touren	
6	Stationen einer Tour	
①	Hinweis auf 50 Dinge	
[A1]	Die Koordinate verweist auf die Platzierung in der Faltkarte	
[a1]	Platzierung Rückseite Faltkarte	

PREIS-SYMBOLE

	Hotel DZ	Restaurant
€	bis 40 EUR	bis 20 EUR
€€	40 bis 90 EUR	20 bis 35 EUR
€€€	über 90 EUR	über 35 EUR

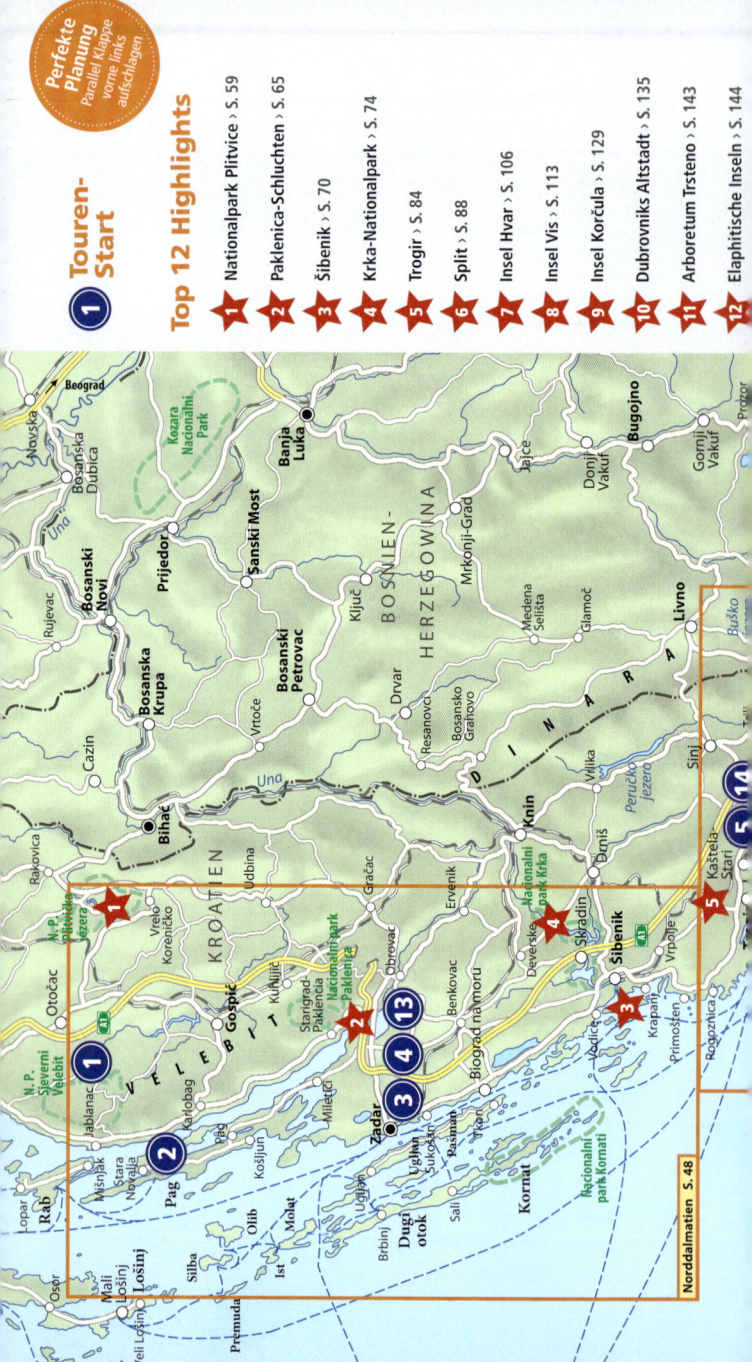

Zeichenerklärung der Karten

- beschriebene Region (Seite=Kapitelanfang)
- **10 E h** Sehenswürdigkeiten
- **4** Tourenvorschlag
- Autobahn
- Schnellstraße
- Hauptstraße
- sonstige Straßen
- Fußgängerzone
- Eisenbahn
- Staatsgrenze
- Landesgrenze
- Nationalparkgrenze

Blick von der Kathedrale Sv. Lovre über den Hauptplatz Trg Ivana Pavla II in Trogir

TYPISCH

Dalmatien ist eine Reise wert!

Willkommen an einer der schönsten Küsten Europas. Dalmatien verwöhnt seine Feriengäste nach allen Regeln der Kunst mit Landschaft, Kultur, kulinarischen Genüssen und überbordender Herzlichkeit.

Der Autor **Friedrich Köthe** ist Reisejournalist, bereist Dalmatien seit vielen Jahren und staunt doch immer wieder aufs Neue über den Abwechslungsreichtum der kroatischen Adriaküste. Angesichts der landschaftlichen und regionalen Vielfalt einen Lieblingsort zu nennen fällt ihm schwer. Aber eine Dalmatienreise ohne den Sonnenuntergang in Dubrovniks romantischer Buža-Bar zu erleben – das geht gar nicht.

Meine Leidenschaft für die dalmatinische Küste entdeckte ich durch Zufall. Wie alle meine Freunde hatte auch ich in den Schulferien nur ein Ziel: Griechenland. Weil aber das Trampen auf dem Autoput durch Jugoslawien so gar nicht reizvoll war, wählten wir das Fährschiff, das damals noch vom kroatischen Rijeka ins griechische Igoumenitsa schipperte und dabei gemächlich die ganze kroatische Küste abfuhr. Es benötigte 48 Stunden für die Fahrt, nicht zuletzt, weil es in vielen Hafenstädten und auf Inseln anlegte und sich auch sonst Zeit ließ. Zeit, in der ich Dalmatien in all seinem Facettenreichtum erlebte.

Seither bin ich oft mit diesem Schiff gefahren, bin in Zadar, Split, Hvar oder Dubrovnik aus- und wieder zugestiegen, habe von Deck aus auf Städtchen geschaut, die aussahen wie winzige Kopien Venedigs, habe Delfinen und Segeljachten hinterhergeträumt oder versucht, Inseln von Halbinseln und vom Festland zu unterscheiden. Ich habe die dalmatinischen Wasserstraßen spiegelglatt und friedlich erlebt, aber auch vom Sturmwind Bora zu Gischt gepeitscht – jede Fahrt war ein Abenteuer. Leider wurde der Betrieb dieser Fähre eingestellt, aber

Festung Lovrijenac vor Dubrovniks Altstadt

Dalmatien ist eine Reise wert!

Immer den »Cold Drinks« nach zu Dubrovniks cooler Buža-Bar

es gibt ja genügend andere Verbindungen zu und zwischen den Inseln, auf denen man Ähnliches erlebt. Dennoch, falls jemand von der Schiffsgesellschaft Jadrolinija das liest: Lasst sie wieder fahren!

Am einfachsten entdeckt man die Ferienregion mit dem eigenen Fahrzeug, aber ebenso gut mit öffentlichen Verkehrsmitteln – Bussen und den schnellen Katamaranen –, zu Fuß oder mit dem Rad. Ich bin besonders angetan von den tollen Wandermöglichkeiten und der Kombination Wandern und Baden. Es gibt nicht viele Destinationen, wo man eine Trekkingtour mit einem Bad im Meer abschließen kann. In einem Meer übrigens, das klar und sauber ist wie ein Kristall. Es ist Dalmatiens größte gestalterische Kraft – formt Landzungen und Inseln, ernährt seine Anrainer mit bestem Fisch und zahlreichen Meeresfrüchten, ist Verkehrsweg und sportliches Terrain, und ganz einfach schön und zu jeder Tages- und Jahreszeit anders.

Kroatien ist zugleich eine alte und eine junge Destination: Als es noch Teil Jugoslawiens war, boomte der Tourismus in den 1970er- und 1980er-Jahren, nicht immer zum Vorteil von Natur und Umweltschutz. Der Zerfall Jugoslawiens und die Kriegshändel in der ersten Hälfte der 1990er-Jahre brachten den Tourismus zum Erliegen. Erst um die Wende zum 21. Jh. setzte eine zunächst zaghafte Erholung ein, die sich inzwischen zu einem neuen Boom ausgewachsen hat. Mir ist nicht wohl dabei, denn viele Tourismusexperten neigen zu neuer Gigantomanie. Der Hang zu Luxusprojekten ist ein Beispiel dafür. Wer soll denn in all den 5-Sterne-Luxushotels wohnen, die bereits eröffnet oder noch in Planung sind?

Es ist nicht der Luxus, der mich nach Dalmatien zieht, sondern eher die Einfachheit. Die faszinierend

Typisch Dalmatien: Kiesbucht, türkisblaues Meer, Ferienfeeling ...

Dalmatien ist eine Reise wert!

Šibeniks bessere Gesellschaft – portraitiert an der Kathedrale

vielgestaltige Natur, die rustikale Konoba an einer Felsbucht: ein Glas Weißwein vom Haus und dazu ein mit Knoblauch gegrillter Fisch, den der Nachbar des Wirts am Morgen aus dem Meer geholt hat. Nicht der auswechselbare Beach mit Lounge-Liegen und DJ-Sounds, der sich auch auf Ibiza befinden könnte, sondern die – sicher nicht immer bequeme – Kiesbucht, in der sich das Plätschern der Wellen und das Zirpen der Grillen mit aromatischen Duftwolken der Pinien verbinden. In Dalmatien kann der Feriengast zum Glück immer noch zwischen Luxus und Einfachheit wählen oder sich für die eine, dann wieder für die andere Seite entscheiden. Das gilt übrigens auch kulinarisch. Heute Konoba, morgen Slow Food, heute Oktopus aus der *peka*, morgen als mit Trüffel veredeltes Carpaccio, heute der Hausgekelterte, morgen ein prämierter Edeltropfen.

Bei aller Begeisterung für Landschaft und Natur seien Architektur und Kunst nicht vergessen: die grandiose Kathedrale von Šibenik mit ihren von ausdrucksstarken Portraitköpfen geschmückten Apsiden, Splits römischer Kaiserpalast, Dubrovniks Festungsmauern, Zadars Sv.-Donat-Rotunde, der Kreuzgang des Franziskanerkonvents auf Hvar – die besten Baumeister der Renaissance und des Barock haben ihre Talente eingebracht, um die Küsten- und Inselstädte zu verschönern. Und Projekte wie der »Gruß an die Sonne« oder »Your black Horizon« sowie die Monumentalstatuen von Ivan Meštrović regen zur Auseinandersetzung mit zeitgenössischer Kunst an.

Halt! Die Menschen. Bei all den Umwälzungen, die ihr Land erlebte, haben sie nichts von ihrer Herzlichkeit eingebüßt. Gast ist Gast oder besser gleich Freund. Und neue Freunde begießen das am besten mit einem Stamperl *travarica* oder *šljivovica*. *Živili!*

Wasserfall Skradinski buk im Krka-NP

Reisebarometer

Was macht Dalmatien so besonders? Sind es Strände, Meer und Sonne, venezianische Bilderbuchstädtchen, faszinierende Inselwelten, kulinarische Vielfalt oder sportliche Herausforderungen? Dalmatien begeistert mit allem.

Landschaftsvielfalt
Schroffe Gebirge über mediterranen Küsten, karge und üppig grüne Inseln, von Pinienwäldern gesäumte Buchten

Kultur/Besichtigungsmöglichkeiten
Römischer Palast, Renaissancekathedralen, Meisterwerke des Festungsbaus, Museen und zeitgenössische Kunst

Kulinarisches Erlebnis
Regionale Produkte garantieren Gourmetgenuss.

Spaß und Abwechslung für Kinder
Abenteuer Strand und sehr kinderfreundliche Gastgeber

Shoppingangebot
Feinste Naturprodukte, Mode und maritimer Lifestyle

Abenteuerlust und Entdeckergeist
ZIP-Line, Wracktauchen, Rafting

Sportliche Aktivitäten
Wassersport, Wandern und Radfahren

Geeignet für Strandurlaub
Idyllische Buchten, glasklares Meer, aber selten Sand

Wellnessurlaub ●●●○○○
Von Hot Stone bis Kneipp – es wird viel geboten.

Preis-Leistungs-Verhältnis ●●●○○○
Qualität hat ihren Preis, auch in Dalmatien.

● = gut   ●●●●●● = übertrifft alle Erwartungen

50 Dinge, die Sie …

Hier wird entdeckt, probiert, gestaunt, Urlaubserinnerungen werden gesammelt und Fettnäpfe clever umgangen. Diese Tipps machen Lust auf mehr und lassen Sie die ganz typischen Seiten erleben. Viel Spaß dabei!

… erleben sollten

(1) **Juwelen unter Wasser** Der Kornaten-Archipel › S. 68 ist mit seiner unglaublichen Unterwasserlandschaft ein kaum zu übertreffendes Tauchrevier. Exkursionen u. a. mit Kornati Diving Center (Zaglav, Dugi otok, Tel. 091 367 95 06, www.kornati-diving.com, ab 200 Kn).

(2) **Baden mit Musik** Die Meeresorgel von Zadar › S. 62 ist eine Kunstinstallation, doch die flachen Stufen von der Riva ins Meer sind auch ein wunderbarer Stadtstrand. Und die Musikbegleitung des in der »Orgel« glucksenden Meeres beim Schwimmen ist gratis!

(3) **Dem Drachen nach** Das Wasser ist flach, der Grund sandig und der Wind konstant – in der Lagune von Nin [C3] ist Kitesurfen angesagt (Kiteboarding Croatia, plaža Ždrijac, Nin, Tel. 091 588 89 12, http://kiteboarding-croatia.com, Verleih ab 335 Kn, Kurse ab 650 Kn).

(4) **Namaste** Frühmorgens, noch vor Sonnenaufgang, den Hügel Korinjak besteigen und das Tagesgestirn mit dem Sonnengruß empfangen – Yogaferien auf der winzigen Insel Iž sind der letzte Schrei › S. 66.

(5) **Meditativer Paddelschlag** Die faszinierende Meereslandschaft der Telašćica-Bucht › S. 67 im ruhigen Rhythmus mit dem Kajak zu entdecken ist Entspannung pur. Kajakverleih bei Mate Frka (Sali, Tel. 098 89 10 36, www.taxifrka.hr, ab 125 Kn).

(6) **Spliter Ballspiele** Was tun junge Leute in Split, wenn sie Spaß haben wollen? Sie spielen Picigin, eine Mischung aus Volley- und Wasserball, und zwar am Bačvice-Strand › S. 95. Einfach mitmachen!

(7) **Adrenalin über der Cetina** Sie wollten schon immer mal in 150 m Höhe an einem Drahtseil hängen und mit 65 km/h über einen Fluss rasen? Dann sind Sie in Omiš [F5] richtig: Die ZIP-Line Croatia erfüllt Ihren Wunsch (Tel. 095 822 22 21, http://zipline-croatia.com, 390 Kn)

(8) **Vor dem Wind** Einer der besten Windsurfspots Kroatiens ist der Strand Potočine bei Bol auf der Insel Brač [F6]. Die Lage an der Wasserstraße zwischen Brač und Hvar hat ab 13 Uhr eine ideale Thermik mit 4–6 Bft. Kurse und Ausrüstungsverleih bei ZOO Station beim Hotel Borak (http://zoo-station.com, Verleih ab 150 Kn, Kurse ab 400 Kn).

⑨ **Traumbuchten entdecken** Das ist auf Brač nicht einfach, denn viele sind nur vom Meer her zugänglich. Da schafft ein führerscheinfreies Motorboot Abhilfe: zu mieten bei Rent a Robert's in Supetar › **S. 105**. Dann steht dem Robinson-Tag nichts mehr im Wege! (450 Kn/Tag)

⑩ **Mutprobe** Diese in Dubrovnik hat Tradition: Man steige, mit dem Gesicht zur Wand, auf den in Kniehöhe aus der Fassade der Franziskanerkirche › **S. 135** ragenden Wasserspeier und versuche, darauf mind. eine Minute zu balancieren …

Die Meeresorgel von Zadar

… probieren sollten

⑪ **Hauchdünnes** Haben Sie sich schon einmal ein Lamm-Carpaccio auf der Zunge zergehen lassen? Den hauchfeinen »Aufschnitt« vom Pager Lamm im Hotel Boškinac › **S. 58** auf Pag jedenfalls sollten Sie sich nicht entgehen lassen!

⑫ **Pipi** Gibt es z. B. auf der Terrasse der Gradska kavana am Narodni trg in Split › **S. 91** – ist aber nicht das, was Sie denken! Pipi heißt die traditionelle kroatische Orangenlimonade. Und sie schmeckt toll!

⑬ **Soparnik** Die Spezialität aus dem Cetina-Tal, ein mit Mangold, Petersilie und Zwiebeln gefüllter Teigfladen, der direkt auf und unter der Glut gebacken wird, schmeckt besonders gut im Radmanove mlinice › **S. 96**.

⑭ **Fischgulasch** Fischgerichte zu probieren ist ein Muss in Dalmatien! *Bračka popara* heißt das kulinarische Geheimnis der Konoba Vinotoka › **S. 105** in Supetar auf Brač.

⑮ **Bogdanjuša** »Gottesgeschenk« heißt die Rebe auf Hvar, die den gleichnamigen frischen Weißwein hervorbringt. In der Kellerei Pinjata › **S. 83** kann man ihn probieren.

⑯ **Sardellenkuchen** In ganz Dalmatien ist die pizzaähnliche Spezialität aus Komiža auf Vis als *pogača*, Kuchen, bekannt. *Komiška pogača* stillte den Hunger der Männer auf langen Fischzügen; heute erfreut sie die Gäste der Konoba Bako › **S. 116**.

⑰ **Austern** Wenn Deniz Ficović Gäste auf eine Bootstour mitnimmt, dann besucht er die Muschel- und Austernbänke seiner Familie und lässt die Passagiere frisch aus dem Meer geholte Austern verkosten. Zu buchen im Seosko domaćinstvo Ficović (Hodilje 30, Ston, Pelješac, Tel. 098 165 40 85). [H7]

(18) **Kroatisch-amerikanisch** Zwei aus Florida haben auf Pelješac Reben gepflanzt und einen wunderbaren trockenen Rosé gezaubert aus Plavac-mali- und Zinfandel-Trauben (Korta Katarina, Bana Jelačica 3, Orebić, Tel. 020 71 38 17, www.kortakatarinawinery.com, Verkostung nach Voranmeldung). [G7]

(19) **Ispod peke** Eines der großen Geheimnisse der dalmatinischen Küche lautet »unter der Glocke«: Meist gart Lamm in der in die Glut gestellten Eisenpfanne mit Deckel. Im Panorama › S. 129 in Orebić bekommen Sie Tintenfisch, *hobotnica,* so zubereitet, wenn Sie 24 Std. im Voraus bestellen!

(20) **Kroatische Sashimi** Auch Kroaten sind Nigiri- und Sashimi-Meister – schließlich kommen die Fische ganz frisch aus dem Meer aufs Bambusbrett. Kostprobe in der Oyster & Sushi Bar Bota in Dubrovnik (ul. Od Pustijerne, Tel. 020 32 40 34, www.bota-sare.hr, €€). [J8]

… bestaunen sollten

(21) **Kornaten aus der Luft** Nur Fliegen ist schöner (aber auch deutlich teurer): Mit den Luftaufnahmen auf http://kornati.novena.hr finden Sie die schönsten Buchten des Archipels › S. 68.

(22) **Jugo und Bora in Stein** Ein starkes Teleobjektiv oder ein Fernglas helfen, Juraj Dalmatinacs Windrelief in Sv. Jakov › S. 70 in Šibenik zu würdigen. Der Künstler hat in einem Schmuckfries die Winde seiner Heimat in Form von steinernen Wellen festgehalten.

(23) **Die Osmanen kommen** Wie sich die Angriffe des türkischen Heeres auf die dalmatinischen Städte abgespielt haben, vermittelt fast schon beängstigend das Augmented-Reality-Abenteuer in Šibeniks Barone-Festung › S. 72.

(24) **Stein und Wein** Bucavac Veliki heißt ein sehr kleines Weinbaugebiet südlich von Primošten [D5]: Die fruchtbare Erde an den Hängen ist so vollständig mit Kalksteinbrocken bedeckt, dass die Winzer nur den Platz freiräumen können, den die Reben benötigen – Weinhänge, die aussehen wie Geröllhalden und wohl bald Weltkulturerbe werden.

(25) **Game of Thrones** Viele Szenen der Fantasy-Saga wurden in Dubrovnik gedreht. Kenner der Serie aber machen sich auf nach Kaštel Gomilica › S. 88, im »GoT«-Universum die freie Stadt Braavos. Erkennen Sie sie wieder?

(26) **Der Himmel über Makarska** Klare Luft, wenig Lichtstreuung, toller Sternenhimmel – in Dalmatien fast überall zu haben. Wer tiefer ins Weltall schauen will, der besucht Makarskas [G6] neues Observatorium DAUP–ORION (Glazbarska 1, http://makarska-zvjezdarnica.com, Juni–Sept. Mo–Sa 21.30–24, sonst Do 20–22 Uhr).

50 Dinge, die Sie …

Die Festung Kaštel Gomilica liegt auf einer kleinen Insel

㉗ **Bergpanorama** Regelrecht ergreifend ist der Blick von der Insel Brač über Supetar hinüber zum Festland nach einem Bora-Tag, wenn sich die Wand des Biokovo-Gebirges wie ein mächtiger Riegel über der Küste aufbaut. Dann ist die Rooftop-Bar des Osam › **S. 104** ein Ort, den man nie mehr verlassen möchte.

㉘ **Tiefes Grün** Alle wollen zur Blauen Grotte auf Biševo – dabei ist die Grüne Grotte auf dem Inselchen Ravnik [E7] nicht weniger spektakulär. Und hier dürfen Sie sogar im psychedelischen grünen Lichtspiel schwimmen! Kajakausflüge veranstaltet Alternatura (Hrvatskih mučenika 2, Komiža, Tel. 021 71 72 39, www.alternatura.hr, ab 220 Kn).

㉙ **Zwischen Zypressen** Ein halbstündiger Spaziergang von Korčula-Stadt [G7] in Richtung Lumbarda bringt Sie zu einer bezaubernden Zypressenallee, die über 102 Stufen zum gotischen Kirchlein Sv. Antun emporklettert. 1708 wurde sie gepflanzt – ein bewunderungswürdiger Kirchenaufgang!

㉚ **Der Heilige und die Stadt** Gäbe es keine Darstellungen des Dubrovniker Stadtpatrons Sv. Vlaho, wüsste niemand, wie die Stadtrepublik Ragusa vor dem Erdbeben von 1667 ausgesehen hat. Der Heilige hält stets ein Modell des Vor-Katastrophen-Ragusa in der Hand, so auch auf dem wunderbaren Triptychon im Museum des Dominikanerklosters › **S. 139**.

㉛ **Sundowner** Dubrovnik [J8] ist gesegnet mit tollen Bars und Aussichtspunkten, aber zum Sonnenuntergang muss man in die Buža-Bar auf den Küstenfelsen vor der Stadtmauer. Nirgendwo verschwindet das Tagesgestirn schöner als hier: in der Ul. od Margarite durch die Tür in der Stadtmauer und dem Schild »Cold Drinks …« folgen.

… mit nach Hause nehmen sollten

㉜ **Maraschino** Schon seit dem 16. Jh. brennt man in Zadar diesen Likör aus der Maraska-Kirsche; er schmeckt auch zu Hause besonders gut auf Eis oder Obstsalat. Unterschiedliche Flaschen und Größen bietet der Laden Maraska (Mate Karamana 3, Zadar, Tel. 099 755 91 61, www.maraska.hr, ab ca. 90 Kn). [C3]

(33) Inselblüten Die Bildhauerfamilie Jakšić › S. 104 versteht sich auch auf formschönes Kunsthandwerk aus dem berühmten Bračer Stein. Mit den bezaubernden steinernen Blüten holen Sie sich ein Stück Insel nach Hause (220 Kn).

(34) Salzblüten Die erste Schicht, die sich auf den Verdunstungsbecken der Salinen bildet, wird vorsichtig von Hand geschöpft: Salzblüten … Auch Solana Nin gewinnt dieses kostbare cvijet soli mit traditionellen Methoden und verkauft es im Museumsshop › S. 65 (ab 30 Kn).

(35) Makkaroni auf der Nadel Makaruni na iglu bringt man auf Pag traditionell mithilfe einer Nadel in Form, und die Bewohner schwören, dass es keine bessere Begleitung zu Fleischsaucen gibt. Zu erwerben in der Bäckerei Mahulja (Gundulićeva 4, Novalja, Pag, Tel. 053 66 36 57, Mo–Sa 6–12 Uhr). [B2]

(36) Kroatische Krawatten Angeblich haben Napoleons Soldaten das schick gebundene Halstuch der kroatischen Tracht so klasse gefunden, dass sie es übernahmen. Daraus entwickelte sich die von »Kroate« linguistisch abgeleitete Krawatte. Eine Erinnerung mit echtem Regionalbezug also – z.B. von Croata in Split (Krešimirova 11, Split, Tel. 021 58 25 28, ab 400 Kn). [E5]

(37) Rafioli Das mit Mandelpaste gefüllte Gebäck ist typisch für die Insel Pelješac bzw. das Städtchen Orebić, dessen Kapitäne die haltbaren Plätzchen auf ihre langen Reisen mitnahmen. Heute gehen sie bei Croccantino über die Theke (Obala pomoraca 30, Orebić). [G7]

(38) Gesundheit Tee aus Olivenblättern trinken die Dalmatiner schon seit jeher als Schönheits- und Gesundheitsdrink – er sei reich an Antioxidantien und stabilisiere das Immunsystem, heißt es. Erhältlich z.B. im Shop der Vrtovi Lunjskih maslina › S. 51.

(39) Farbkraft Die originellen Arbeiten des dalmatinischen Künstlers Pavo Majić › S. 95 aus Split gibt es auch auf Postkarten, die zu Hause farbenprächtig an den Urlaub erinnern (ab 15 Kn).

Die halstuchartige kroatische »Krawatte«

50 Dinge, die Sie …

(40) Marco Polo lässt grüßen Die Frage, ob der Chinareisende nun aus Venedig oder Korčula stammt – dahingestellt! Jedenfalls bietet der Shop des Marco Polo Museums › S. 31 jede Menge zum Thema, z. B. Schatztruhen für Ihre Dalmatienschätze (ab ca. 185 Kn).

(41) Aqua Maritime Die Umhängetaschen des kroatischen Labels eignen sich nach den Tagen am Strand auch prima als Shoppingbag für zu Hause (Riva bb, Bol, Brač, Tel. 021 63 52 90, www.aquamaritime.hr, 150 Kn). [F6]

(42) Bittersüße Orangen In Dubrovnik wird eine besondere Bitterorangenart zu kandierten Früchten verarbeitet. Diese *arancini* sind ein nicht zu süßer Snack, an dem man auch zu Hause viel Genuss hat – zu kaufen bei den Marktfrauen auf der Gundulićeva poljana › S. 138.

… bleiben lassen sollten

(43) Barfuß ins Meer Es tut richtig weh, wenn einer der an der kroatischen Adria häufigen Seeigel seine im Fleisch leicht abbrechenden Stacheln in den Fuß bohrt.

(44) Den Wind unterschätzen Der von Nordosten heranstürmende Fallwind Bora ist brandgefährlich. Dann heißt's Boote vor Anker und Gespanne und Motorräder runter von der Küstenstraße. Und Schwimmen im Meer ist absolut tabu!

(45) In der Hochsaison zur Blauen Grotte Ersparen Sie sich die Fahrt zur Modra špilja › S. 116 im Juli und August: ewiges Anstehen der Boote vor der Höhle, nur wenige Minuten im Gedrängel des Inneren … und am Ende nur Enttäuschung!

(46) Sightseeing in der Hitze Das ist anstrengend genug, doch die Mauern von Ston › S. 125 haben es besonders in sich: Ohne den geringsten Schatten geht's steil bergauf.

(47) Rauchen Ein entspannter Badetag auf Lokrum › S. 142, hübsche Bucht ergattert, schwimmen gewesen und jetzt eine Zigarette? Bloß nicht! Auf der Insel ist Rauchen strikt verboten!

(48) Ein Wein zu viel Ist ja nur eine kleine Verkostung … nur noch dieses eine Gläschen … So gefährden Sie beim Autofahren sich und andere, und die kroatische Polizei kennt bei Alkoholsündern keine Gnade.

(49) Urlaub zu Ferragosto Kroatiens Küste ist längst zum Lieblingsziel italienischer Touristen avanciert, und die treten zwischen dem 1. und 15. August sehr zahlreich auf. Diese Zeit besser meiden!

(50) Vignette und Licht vergessen Wer mit dem Auto nach Kroatien fährt, muss zwangsläufig durch Slowenien, wo besondere Verkehrsvorschriften gelten: Tagsüber mit Licht fahren und eine Vignette für die Autobahnen und Schnellstraßen ist Pflicht! Schummeln wird teuer.

Die Reisewelt von POLYGLOTT

Mit POLYGLOTT ganz entspannt auf Reisen gehen.
Denn bei 150 Titeln ist der richtige Begleiter sicher dabei.

POLYGLOTT on tour
Der traditionsreiche Reiseführer mit einzigartigem Tourenkonzept für entspanntes und facettenreiches Reisen

INKLUSIVE GRATIS NAVI-E-BOOK
mit allen Adressen zu Essen, Trinken, Shoppen, Hotels und Aktivitäten

POLYGLOTT zu Fuß entdecken
Die schönsten Metropolen zu Fuß und mittendrin entdecken

POLYGLOTT auf Reisen
Sehnsuchtsziele echt erleben – mit ausgiebigen Touren, beeindruckenden Bildern und opulentem Magazinteil

Geführte Tour gefällig?
Wie wäre es mit einer spannenden Stadtrundfahrt, einer auf Ihre Wünsche abgestimmten Führung, Tickets für Sehenswürdigkeiten ohne Warteschlange oder einem Flughafentransfer? Buchen Sie auf www.polyglott.de/tourbuchung mit rent-a-guide bei einem der deutschsprachigen Guides und Anbieter weltweit vor Ort.

www.polyglott.de

Was steckt dahinter?

Die kleinen Geheimnisse sind oftmals die spannendsten. Wir erzählen die Geschichten hinter den Kulissen und lüften für Sie den Vorhang.

Warum glänzt der große Zeh an der Statue des Grgur Ninski in Split?

Ihn anzufassen bringt Glück, und weil Generationen von Passanten diesem Brauch folgen, ist der Bronzezeh inzwischen so auf Hochglanz poliert, dass er im Gegensatz zur restlichen Figur golden schimmert.

Warum behauptet man auf Korčula, Marco Polo sei einer der ihren?

Manche Historiker (v. a. kroatische) glauben, dass die Familie von Marco Polo (1254–1324) nicht aus Venedig, sondern aus Korčula stammte, wo der Name Depolo oder auch de Polo häufig vorkommt und man inzwischen auch das angebliche Wohnhaus der Polos identifiziert haben will. Da Korčula im 15. Jh. venezianisch war, habe die Serenissima den Chinareisenden als Sohn der Stadt vereinnahmt. Handfeste Belege für diese Theorie gibt es aber nicht.

Warum muss man bei Neum bosnisches Staatsgebiet durchqueren?

Dass Bosnien und Herzegowina einen bis zu 9 km breiten Korridor an der Adria besitzt, geht auf einen Handel zwischen Ragusa (Dubrovnik) und dem Osmanischen Reich zurück. Bei den Verhandlungen um den »Frieden von Karlowitz« 1699 setzte Ragusa durch, dass die Osmanen einen Adriazugang bekamen. Natürlich in ureigenem Interesse – der Korridor diente als Puffer gegenüber der nördlich beginnenden Einflusssphäre Venedigs. Seit der Unabhängigkeit Kroatiens sind hier zwei internationale Grenzen zu passieren – mit entsprechenden Unannehmlichkeiten und Wartezeiten.

Was suchte Odysseus auf Mljet

Neben einigen anderen Eilanden rühmt sich die süddalmatinische Insel Mljet jener Ort zu sein, an dem der weit gereiste Odysseus Kalypso verfiel. Die Odysseus-Grotte, in der der Irrfahrer sieben Jahre mit der Nymphe geturtelt haben soll, liegt 10 Min. Fußmarsch entfernt vom Dorf Babino polje.

Was hat Dalmatien mit Karl May zu tun?

Nicht nur am Nationalpark Plitvice, auch an der Krka oder in den Paklenica-Schluchten erinnern Hinweisschilder daran, dass hier Szenen für die Winnetou-Filme der 1960er- und 1970er-Jahre gedreht wurden. An manchen Orten begegnet man auch Fans, die nicht müde werden, die genauen Stellen zu identifizieren, an denen Lex Barker/Old Shatterhand mit seinem Blutsbruder Pierre Brice/Winnetou dieses oder jenes Abenteuer bestand.

Ein Motorsegler bei der Einfahrt in den Hafen von Makarska in Mitteldalmatien

REISE-PLANUNG & ADRESSEN

Die Reiseregion im Überblick

Dalmatien ist ein vielgestaltiger Landstrich, in dem die Grenzen zwischen Festland und Inseln oft kaum noch auszumachen sind; eine Art kroatische Südsee, garniert mit kulturellen Perlen städtischer Architektur und Museen sowie unendlich vielen Freizeit- und Sportangeboten.

Dalmatien zieht sich, südlich an die Kvarner Bucht angrenzend, von der Insel Pag im Norden bis zum Badeort Molunat südlich von Dubrovnik und wird dabei immer schmäler – im Süden ist es nur noch wenige Kilometer breit. Mehr als 900 Inseln und Riffe begleiten die stark gegliederte Küste. Die Kombination von hohem Gebirge, mediterranem Küstensaum und den davor liegenden, teils kargen, teils üppig bewachsenen Inseln verleiht Dalmatien sein besonders reizvolles Landschaftsbild.

In der Architekur der größeren **Festlandsstädte** wie Zadar, Šibenik und Split spiegeln sich zwei Jahrtausende Geschichte: Römisches Erbe wie der Diokletianspalast in Split, frühchristlich-kroatische Kunst wie an der Sv.-Donat-Rotunde in Zadar, Meisterwerke venezianischer Gotik und Renaissance wie die Kathedrale in Šibenik sowie zahllose Palazzi verschiedenster Stilepochen lassen die große Ära römischer wie später venezianischer Herrschaft auferstehen. Auf den Inseln haben diese Epochen Hafenorte wie Korčula oder Hvar geprägt. In Dubrovnik wiederum erinnern imposante Festungsmauern und elegante Adelsvillen an die glanzvollen Jahrhunderte des Stadtstaates Ragusa.

Das **Meer** ist das beherrschende Element Dalmatiens – nicht nur als Verkehrsweg die Küste entlang und von Insel zu Insel, sondern auch als schier unerschöpfliche Nahrungs-

Besondere Aussichtspunkte

- Wie ein Schiffsbug im Meer erscheint die Altstadt von Zadar vom **Campanile** der Kathedrale Sv. Stošije. › S. 62
- Davonfliegen können wie ein Adler möchte man auf den steilen Klippen **Stene** der Insel Dugi otok. › S. 68
- Einen Weitblick über das Archipel von Zadar genießt man vom Benediktinerkloster **Sv. Kuzma i Damjan** auf seinem 500 m hohen Hügel über Pašman. › S. 70
- **Vidilica** heißen Café und Aussichtsplattform auf dem Marjan-Hügel über Split – ideal für den Sonnenuntergang. › S. 94
- Beim Rundblick von der Festung **Španjola** über Hvar-Stadt und den Archipel der Paklemi otoci ist Inselzählen angesagt! › S. 108
- Dalmatien in Blau-Grün präsentiert das Panorama über das Neretva-Delta von Burg **Brštenik** hoch über Podgradina. › S. 119

Die Reiseregion im Überblick

Die traumhaft schöne Bucht Stiniva an der Südküste der Insel Vis

quelle. Trotz vielerorts drohender Überfischung – Dalmatiens Gewässer sind noch relativ gesund und artenreich. Zudem liefern sie nicht nur Fisch und Meeresfrüchte, sondern auch Salz. Und sie sind ein Hauptgrund dafür, dass jedes Jahr Millionen aus- und inländischer Urlauber an die Küste strömen.

Dabei kommt diese Küste in den allermeisten Fällen Badenden nicht unbedingt entgegen. Die **Strände** sind felsig, bestehen bestenfalls aus gröberem oder feinerem Kies, und der Zugang ins Wasser gestaltet sich oft beschwerlich. Sandstrände sind eine Rarität in Dalmatien; dafür aber ist das Meer so glasklar und karibisch blau, dass man dieses Manko schnell vergisst.

Wer es dennoch unbedingt bequemer haben möchte: Entlang der Makarska Riviera, an der Lagune von Nin und an einigen kleineren Buchten auf den Inseln kann man sogar Sandburgen bauen.

Daran gedacht?

Einfach abhaken und entspannt abreisen

- [ ] Führerschein / Zulassungsbescheinigung 1 / Grüne Versicherungskarte
- [ ] Personalausweis
- [ ] Flugtickets
- [ ] Badeschuhe
- [ ] Sitter für Pflanzen und Tiere organisiert
- [ ] Zeitungsabo umleiten / abbestellen
- [ ] Postvertretung organisiert
- [ ] Hauptwasserhahn abdrehen
- [ ] Fenster zumachen
- [ ] Nicht den AB besprechen: »Wir sind für zwei Wochen nicht da.«
- [ ] Kreditkarte einstecken
- [ ] Ladegeräte
- [ ] Sonnenhut und -creme

Klima & Reisezeit

Das sonnige Wetter mit Hitzehöhepunkt im Juli und August sowie Regenfällen im Frühjahr und Herbst macht Dalmatien nahezu das ganze Jahr über zu einer idealen Urlaubsdestination. Nur der Winter kann mit Dauerregen und kaltem Wind richtig ungemütlich werden.

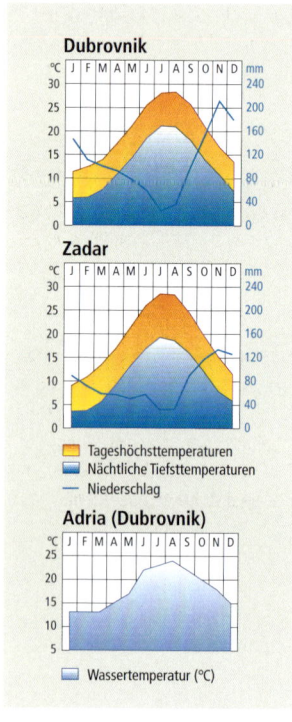

Ihr mildes, **mediterranes Klima** verdankt die Küstenlinie den Gebirgszügen Velebit und Biokovo, die im Herbst und Winter von Norden oder Osten wehende kalte Winde wie die **Bora** abhalten. Letztere ist aber auch zuständig für die oft wie Mondlandschaften wirkenden, dem Festland zugewandten Inselküsten: Mit Salz aus dem aufgepeitschten Meer geschwängerte Bora-Böen schmirgeln den Fels kahl; nur wenige Pflanzen widerstehen solchen widrigen Bedingungen.

Sportliche Reisende wählen Frühjahr und Herbst für Aktivitäten wie Wandern, Radfahren oder Klettern. Baden kann man ab Ende Mai und bis weit in den Oktober hinein. Die Saison für Bootsfahrten oder Segeltörns beginnt nach den Frühjahrsstürmen im April/Mai und reicht bis zum Herbst oder gar Winter, je nachdem, wie heftig die Bora das Vergnügen schmälert. Juli und August sind die Monate, in denen die große Hitze tagsüber eigentlich nur ein Ziel reizvoll erscheinen lässt: Strand und Meer. Stadtbesichtigungen, kleine Radtouren oder Wanderungen verlegt man besser in die frühen Morgen- oder Abendstunden.

Im Juli und August haben auch die Kroaten sowie ihre Nachbarn Slowenien und Italien Ferien. Wer überfüllte Strände sowie Höchstpreise für Unterkünfte vermeiden möchte, sollte zumindest zwischen 15. Juli und dem italienischen Ferragosto, also dem Wochenende um Mariä Himmelfahrt am 15. August, seinen Urlaub nicht an der Küste planen. Danach reisen die Italiener ab, und auch Kroaten und Slowenen beenden die Saison am Meer.

Anreise

Mit dem Auto
Dalmatien von Mitteleuropa aus mit dem eigenen Fahrzeug zu erreichen ist seit dem Ausbau der kroatischen Autobahn, die inzwischen bis Metković reicht, unkompliziert und schnell möglich. Früher tuckerte man im Endlosstau auf der Adria-Magistrale entlang der Küste nach Süden – heute wählt man diese langsamere, inzwischen dank der Autobahn staufreie Variante wegen ihrer landschaftlichen Schönheit. Bei der Anreise ist zu beachten, dass sowohl in Österreich als auch in Slowenien Vignettenpflicht besteht; in Slowenien müssen Sie zudem auch tagsüber mit Abblendlicht fahren.

Mit Bahn & Bus
Die **Bahn** eignet sich nur bedingt zur Anreise: Die Bahnverbindungen an die Küste (Split) sind langwierig, und Umsteigen in Zagreb, evtl. auch häufiger, ist Voraussetzung. Mit dem **Fernbus** hingegen eröffnet sich ein breites Verbindungsspektrum zu den Küstenstädten (https://www.flixbus.de).

Mit dem Flugzeug
Dank der vielen Billigfluglinien ist Dalmatien auch als Flugreiseziel interessant. Angesteuert werden Zadar, Split, Dubrovnik und die Insel Brač, z. B. von Tuifly, Condor, Ryanair oder Eurowings. Auch die staatliche kroatische Fluggesellschaft Croatia Air unterhält ein dichtes Verbindungsnetz, allerdings fast immer mit Umsteigen in Zagreb. Um vor Ort mobil zu sein, empfiehlt es sich, einen Wagen zu mieten. Ein Vergleichsportal für Mietwagenpreise ist www.billiger-mietwagen.de.

Reisen in der Region

Mit Auto, Bus und Fähre
Regionalbusse und Fähren stellen die Verbindungen vor Ort sicher. Wer mit dem **Bus** reist, sollte damit rechnen, dass kleinere Orte kaum angefahren werden und der Betrieb an Wochenenden und in den Abendstunden häufig eingeschränkt ist. Im Internet sind Fahrpläne z. B. unter www.buscroatia.com abrufbar. Den größten Teil der **Fähr- und Katamaranverbindungen** zwischen Festland und Inseln bestreitet die Gesellschaft Jadrolinija (aktuelle Fahrpläne und Preise unter www.jadrolinija.hr). In den Sommermonaten sollten **Autofahrer** bei beliebten Fährverbindungen wie z. B. Split–Hvar mit längeren Wartezeiten rechnen. Es empfiehlt sich auf jeden Fall, die Tickets vorab online oder an den Verkaufsstellen der Jadrolinija zu erwerben.

Sport & Aktivitäten

Wassersport steht an erster Stelle, aber auch als Wander-, Rad- und Kletterdestination gewinnt Dalmatien immer mehr Freunde. Nur eine Sportart fehlt völlig: Es gibt keinen einzigen Golfplatz!

Tauchen

Die Unterwasserfauna und -flora ist vielfältig wie die Landschaften: Höhlen und Felslabyrinthe bilden faszinierende Lebensräume für Kraken, Hummer und Seespinnen, während Drachenköpfe, Doraden und Barsche majestätisch ihre Bahn über Seegrasebenen ziehen. Auch wenn nur noch wenige Delfine in der Adria leben, können Taucher ihnen durchaus begegnen. Eine besondere Faszination geht von den Wracks aus, die sich in kleine künstliche Riffe verwandelt haben. Darunter sind auch antike Schiffe, so bei Cavtat › S. 143. Tauchen ist nur in Begleitung eines lizensierten Lehrers erlaubt. Doch auch mit Schnorchel und Flossen sind Entdeckungen zu machen.

Segeln und Bootfahren

So gut wie jeder Ort am Meer besitzt eine Marina, in der meist auch Boote ausgeliehen werden können. Voraussetzung ist ein Segel- bzw. Bootsführerschein; alternativ nimmt man einen erfahrenen Skipper mit an Bord. Für kleinere Touren zu nur vom Meer her zugänglichen Buchten reicht aber häufig auch ein Boot, für das kein Führerschein benötigt wird, zu mieten z. B. bei **MS Brač**

Die felsigen Küsten an der Adria bieten einzigartige Tauchreviere

Sport & Aktivitäten

Die kroatische Küste zählt zu den besten Segelspots der Welt

turist/Adria tours [F6] (Bračka cesta 10, 21420 Bol, Brač, Tel. 021 63 59 66, www.adria-bol.hr).

Da die Windverhältnisse zwischen den dalmatinischen Inseln recht unberechenbar sind, sollten Sie unbedingt auf entsprechende Hinweise bzw. Warnungen von Landeskennern hören.

Wind- und Kitesurfen

Mehrere Orte an der Küste gelten wegen der konstanten Windbedingungen als Top-Reviere für Wind- und Kitesurfer. Erstere finden vor Bol auf der Insel Brač › S. 102 sowie im Kanal zwischen Korčula und der Halbinsel Pelješac bei Orebić › S. 127 ihr höchstes Glück. Freunde des Lenkdrachens schätzen die Gewässer in der Lagune von Nin › S. 64 oder am Neretva-Delta › S. 118, wo der **Kite Klub Komin** Ausrüstung verleiht und Kurse gibt (Ploče, Tel. 091 522 67 15, www.kiteboarding-komin-neretva.com).

! Erstklassig

Strandschönheiten

- Sand zwischen dem Kies und glasklare See – dann ab zur **plaža Sakarun** auf Dugi otok. › **S. 67**
- Eingerahmt von Felswänden und verkrüppelten Kiefern, dazwischen karibisches Blau – das ist **Lučišća** auf Hvar. › **S. 84**
- Leider viel zu berühmt, um noch einsam zu sein, aber trotzdem schön: **Zlatni rat**, das »Goldene Horn« bei Bol auf der Insel Brač. › **S. 102**
- Ein bisschen klettern muss man zur **plaža Stiniva** auf Vis – dafür genießt man dort ein ganz besonderes Panorama. › **S. 116**
- Ein Spaziergang über die Insel Lopud – und der Lohn ist **Šunj**, ein Sandstrand mit Blick auf das benachbarte Koločep. › **S. 146**

Sport & Aktivitäten

Radfahren

Das Radfahren auf den Hauptverkehrsstraßen macht wenig Freude, und der Ausbau von Radwegen ist noch nicht weit vorangekommen. Mountainbikern, die oft nicht asphaltierte Nebenstraßen und Trampelpfade nutzen, bietet sich hingegen eine Vielzahl von Touren, sowohl auf dem Festland wie auf den Inseln. Informationen zu ausgewiesenen MTB- oder Radrouten bekommen Sie bei den örtlichen Touristeninformationen. Tipps zu Touren finden sich auch auf www.takeadventure.com.

Wandern

Wanderwege im Biokovo-Gebirge › **S. 80** und im Nationalpark Paklenica › **S. 65** sind deutlich ausgeschildert und auf topografischen Karten verzeichnet. Ein Klassiker ist der 100 km lange Fernwanderweg **Biokovska planinarska staza,** der vier bis fünf Tage beansprucht. Für die meisten Wandermöglichkeiten auf den Inseln hingegen gibt es kaum Karten oder Markierungen. Dort heißt es, sich selbst zurechtzufinden. Wer im Hinterland von Split oder im Konavle-Tal › **S. 124** bei Dubrovnik unterwegs ist, sollte die Wege nicht verlassen. Nach wie vor sind nicht alle Minen geräumt!

Klettern

Kroatiens Top-Climbing-Destination ist der Nationalpark Paklenica › **S. 64, 65**, dessen International Climbers Meeting jedes Jahr Ende April die besten Kletterer Europas und der Welt an die Adriaküste holt. Rund um Split und auf den Inseln Hvar und Vis gibt es weitere berühmte Klettergebiete. Eine Beschreibung findet sich auf www.climb-europe.com.

In Dalmatien lassen sich Klettern und ein Urlaub am Meer verbinden, z.B. auf der Insel Hvar

Unterkunft

Kroatiens Hotellandschaft erlebte in den letzten Jahren ein umfassendes Facelifting. All-inclusive-Anlagen, Familien- oder Wellnesshotels – für jeden Geschmack ist gesorgt.

Diese Verschönerung hatte aber auch zur Folge, dass die Zahl der 5-Sterne-Häuser v. a. im Raum Dubrovnik imposant gestiegen ist. Dafür fehlen nach wie vor Mittelklassehotels. Für alle **Hotels** gilt: Wenn Sie einen längeren Aufenthalt planen, ist es günstiger, die Unterkunft vorab bei einem Pauschalreiseveranstalter zu buchen. Hotelverzeichnisse finden Sie auf den Webseiten der jeweiligen Touristeninfos, auf www.croatia.hr oder den einschlägigen Buchungsportalen.

Erfreulich ist die von Jahr zu Jahr steigende Zahl individueller **Hostels**. Kaum eine größere Stadt, in der nicht eine travellerfreundliche Unterkunft existiert (Infos unter www.hostelworld.com).

Privat vermietete **Apartments und Zimmer** spielen im Unterkunftsangebot nach wie vor eine wichtige Rolle; der Standard ist deutlich gestiegen. Zu buchen über lokale Reiseagenturen, Kroatien-Spezialisten wie www.kroatien-idriva.de oder Plattformen wie www.booking.com oder www.airbnb.com.

Dalmatien ist traditionelles **Campingland**; Renovierung und Ausbau haben in den letzten Jahren tolle Anlagen entstehen lassen, doch es gibt auch noch kleine und intimere Plätze. Adressen aller Campinganlagen listet www.camping.hr.

!**Erstklassig**

Wunderbar übernachten

- Ländliche Ruhe, hervorragende Küche, exzellente Weine und geschmackvoll eingerichtete Zimmer kennzeichnen das **Hotel Boškinac** auf der norddalmatischen Insel Pag. › S. 58
- Einmal fast Robinson sein können Sie in den Apartments des abgelegenen **Leuchtturms Punta Bianca** auf der Insel Dugi otok. › S. 68
- Ein Renaissancepalast im historischen Zentrum von Šibenik: Das **Life Palace** steht für Eleganz und Nostalgie. › S. 73
- Schicke Bungalows, umgeben von paradiesischer Vegetation, auf einer kleinen Insel: Das **Meneghello** auf der »Hölleninsel« Palmižana verspricht Ruhe und Exklusivität. › S. 113
- Nur die Glasfront steht zwischen Ihnen und dem Meer – in **Tara's Lodge** auf der Insel Korčula ist Transparenz das oberste Gestaltungsprinzip. › S. 131
- Stil und Atmosphäre einer Ragusaner Adelsvilla und dazu Strandleben genießen Sie im Boutiquehotel **Kazbek** in Dubrovnik. › S. 140

SPECIAL

Unterwegs mit Kindern

Sonne und Meer – schönere Ferien können sich Kinder gar nicht vorstellen. In Dalmatien gibt es das im Übermaß, allerdings mit einer Einschränkung: selten Sand, meist Fels.

Mikrokosmos Felsstrand

Eimer und Schaufel sollten Sie trotzdem einpacken, denn sie eignen sich ja auch dazu, bunte Muschelschalen und toll geformte Steine aus dem Meer zu holen oder in den Küstenfelsen Poollandschaften anzulegen. Ältere Kinder erkunden die glasklare See mit Tauchermaske, Schnorchel und Flossen. Klein und Groß sollten aber Badeschuhe tragen, denn scharfe Felskanten und Seeigel können unangenehme Verletzungen hervorrufen.

Sandstrände

Mehrere Buchten an der Makarska Riviera › S. 97 empfehlen sich zum Sandburgenbauen; auf der Elaphiteninsel Lopud › S. 145 verbirgt sich ein fantastischer Sandstrand, ebenso auf Ugljan (Mostir) › S. 52 und Pašman (Zaklopica) › S. 52. Der Hauptstrand auf der Insel Čiovo › S. 86 vor Trogir heißt nicht umsonst »Copacabana«, und last but not least lockt die Lagunenlandschaft um Nin › S. 64 mit puderweichem Strandbelag.

Sport zu Wasser ...

An so gut wie allen Stränden können Kids Tretboote leihen, auf Bananas übers Wasser rasen, oder ältere Kinder lassen sich, am Fallschirm hängend, über Meer und Strand ziehen. Die Stand-up-Paddling- und Kajakmode hat auch in Kroatien Einzug gehalten, deshalb sind SUP-Bretter und Kajaks an vielen Stränden zu leihen. Gelegenheiten, Wind- und Kitesurfen unter günstigen Bedingungen zu lernen, eröffnen sich insbesondere in Nin

Ein Kajakausflug aufs Meer ist für Kinder ein besonderes Erlebnis

> S. 64 und bei Bol › S. 102 auf der Insel Brač. Seltsamerweise gibt es aber an der gesamten dalmatinischen Küste bislang nur einen einzigen **Wasserpark:**

- **Solaris Aquapark Dalmatia** [D4]
  Solaris 86 | 22000 Šibenik
  Tel. 099 204 52 17
  www.aquapark-dalmatia.com
  Mitte April–Anfang Okt. (wetterabhängige Öffnungszeiten tel. erfragen);
  Kinder 50–80 Kn, Erw. 80–110 Kn

... und zu Lande

Auch **Hochseilparks** sind im Küstengebiet noch eine Rarität. Einrichtungen gibt es u. a. bei Zadar und im Konavle-Tal. Beide bieten altersgerechte Tracks für Kinder an.

- **Adventure Park Zadar** [C3]
  Kožinska cesta 108 | 23231 Zadar
  Tel. 098 85 44 31
  www.adventure-park.hr
  Tgl. 9–16 Uhr; Kinder ab 90 Kn,
  Erw. ab 100 Kn

- **Adrenalinpark Sv. Ana** [K8]
  Poljice 26 | 20215 Gruda
  Tel. 099 832 78 56
  www.adrenalin-park-dubrovnik.com
  Mitte Juni–Mitte Sept. Mo–Fr 16 bis 20.30, Sa, So 10–20.30, sonst nur Sa, So 10–19 Uhr (bei schlechtem Wetter geschl.); ab 70 Kn

Lebendige Geschichte

Kirchenportale oder Palastfassaden begeistern Kinder nicht unbedingt, aber einige Sehenswürdigkeiten in Dalmatien wecken durchaus die kindliche Fantasie: ein Gang durch das Untergeschoss des Spliter Kaiserpalasts, die **Podrumi**, z. B. › S. 89, denn die römischen Gewölbe können ganz schön unheimlich wirken! Ritter spielen kann man wunderbar bei der Besichtigung der Dubrovniker **Festungsmauern und Bastionen** › S. 139, und im **Arboretum Trsteno** › S. 143 verwandeln sich die Kids in Prinzen und Prinzessinnen und spielen im Labyrinth fangen. Zwei kindgerechte Museen gibt es außerdem: Auf Korčula folgt das **Marco Polo Museum** mit Dioramen den Spuren des Chinareisenden (nur auf Englisch). **50 Dinge** ㊵ › S. 17. In Zadar lockt das **Muzej Iluzija** zum Spiel mit Wahrnehmung und Illusion.

- **Marco Polo Museum** [G7]
  Plokata 19.Travnja 1921 br.33
  20260 Korčula-Stadt
  Tel. 098 970 53 34
  http://marcopolo.com.hr
  Im Sommer tgl. 9–24 Uhr

- **Muzej Iluzija** [C3]
  Poljana Zemaljskog Odbora 2
  23000 Zadar | Tel. 023 31 68 03
  http://zadar.muzejiluzija.com
  Juni–Sept. tgl. 9–24, Okt.–Mai 10 bis 20 Uhr; Kinder 40 Kn, Erw. 60 Kn

Kids-Hotel Andrija nahe dem Aquapark

Markt auf dem Trg kralja Tomislava in Korčula-Stadt auf der Insel Korčula

LAND & LEUTE

Steckbrief

- **Fläche:** 12 940 km²
- **Küstenlänge:** 900 km, 942 Inseln und Riffe
- **Bevölkerung:** 860 000 Einw.
- **Bevölkerungsstruktur:** ca. 95 % Kroaten, zwischen 1 und 5 % Serben
- **Hauptorte:** Zadar (Gespanschaft Zadar), Šibenik (Gespanschaft Šibenik-Knin), Split (Gespanschaft Split-Dalmatien), Dubrovnik (Gespanschaft Dubrovnik-Neretva)
- **Höchste Erhebung:** Sv. Jure (1762 m)
- **Größte Insel:** Brač (395 km²)

- **Landesvorwahl:** 00385
- **Währung:** Kroatische Kuna (Abkürzung Kn bzw. HRK)
- **Zeitzone:** MEZ (im Sommer + 1 Std.)

Lage

Dalmatien nimmt den südwestlichen, sich entlang der Adria nach Süden streckenden und dabei immer schmäler werdenden Teil Kroatiens ein. Begrenzt wird es auf der ganzen Länge im Osten von Bosnien und Herzegowina, im Süden stößt es an Montenegro.

Politik und Verwaltung

Dalmatien ist ein historisch gewachsener Begriff, der weder eine geografische noch eine politische Einheit darstellt. Verwaltungstechnisch ist die Region in vier »Gespanschaften« (*županije*) unterteilt: Zadar, Šibenik-Knin, Split-Dalmatien und Dubrovnik-Neretva. Die jeweiligen Gespanschaftsversammlungen werden gewählt und bestimmen wiederum den Gespan, *župan*, eine Art Präsident der Region. Politisch stehen die vier *županije* der in Kroatien regierenden konservativen HDZ nahe.

Kroatien ist als ehemalige Teilrepublik Jugoslawiens erst seit 1992 unabhängig. Die erste Dekade der Unabhängigkeit prägte der Politiker Franjo Tuđman (1922–1999), der 1992 zum ersten Präsidenten gewählt wurde. Tuđman und die 1989 von ihm gegründete Partei HDZ machten schon bald durch antisemitische und nationalistische Töne auf sich aufmerksam; seine Regierungszeit zeichnete sich mehr durch autokratische denn durch demokratische Züge aus; sie blockierte die wirtschaftliche Entwicklung Kroatiens, förderte den politischen und wirtschaftlichen Filz und verhinderte ausländische Investitionen.

Zudem verweigerte Tuđman die Auslieferung kroatischer Kriegsverbrecher aus dem Balkankrieg und ließ sie vielmehr als Helden feiern. Erst nach dem Tod des Präsidenten setzte eine Liberalisierung und Öffnung des Landes ein. Die HDZ, die fast immer an den verschiedenen Regierungen beteiligt war, setzt die nationalistische Politik ihres Gründers in abgeschwächter Form fort.

Wirtschaft

Dank der touristischen Attraktivität sehen die Wirtschaftszahlen in Dalmatien besser aus als die Restkroatiens. Die vier Gespanschaften erwirtschaften gemeinsam ein BIP von rund 7,15 Mrd. Euro und somit 12,5 % der gesamten Wirtschaftsleistung Kroatiens. In puncto Wachstum und Entwicklung stehen sie hinter der Hauptstadt Zagreb und deren *županija* meist an vorderster Stelle. Vor allem die Zuwachszahlen im Tourismus tragen zu der positiven Entwicklung bei. Sie betragen von Jahr zu Jahr um die 5 %. 2015 wurden in Dalmatien 32 Mio. Übernachtungen verzeichnet; 2016 wurde diese Zahl bereits im September erreicht. Deutsche Besucher bilden dabei die größte Gruppe. Neben dem Tourismus spielen Landwirtschaft und in geringem Maße auch Industrie eine wirtschaftliche Rolle.

Verkehr

Seit der Unabhängigkeit wurden große Summen in den Ausbau der Verkehrswege investiert. Der zügige Ausbau der Autobahn von Zagreb über Zadar und Split nach Dubrovnik hatte dabei Vorrang. Ein kühnes Projekt sieht den Bau einer Brücke über die Bucht von Mali Ston auf die Halbinsel Pelješac vor.

Menschen

Das sehr homogene Bild, das aktuelle Statistiken von der Bevölkerungsstruktur zeichnen – je nach Region sind zwischen 91 und 95 % der Einwohner Kroaten –, ist u. a. das Ergebnis ethnischer Verschiebungen im Zuge der Balkankriege 1991–1995. Dabei kam es zu Vertreibungen von Nichtkroaten (wie umgekehrt von Kroaten in den Nachbarrepubliken), sodass heute der Anteil dieser Volksgruppen, v. a. Serben und Bosniaken, minimal ist. Das Kroatische ist eine Sprache der südslawischen Sprachengruppe; in einigen Regionen sprechen ältere Menschen noch Italienisch; als Minderheit sind die wenigen Italienischstämmigen aber nicht anerkannt. Die Mehrheit der Kroaten ist römisch-katholischen Glaubens.

Unter sich: Dubrovnikerinnen im Gespräch

Geschichte im Überblick

Bis 2. Jh. v. Chr. Illyrische Völker (Liburner, Dalmaten) siedeln auf dem heutigen Territorium Dalmatiens; zwischen dem 6. und dem 4. Jh. gründen Griechen Kolonien wie Issa (Vis), Pharos (Stari grad, Hvar) und Epidaurum (Cavtat).
2./1. Jh. v. Chr. Römische Truppen unterwerfen die Dalmaten; unter Kaiser Augustus um 8 v. Chr. Gründung der Provinz Dalmatia.
6./7. Jh. Awaren und Slawen fallen in Dalmatien ein und lassen sich auf Festland und Inseln nieder. Die aus Epidaurum Geflohenen gründen Ragusa, das spätere Dubrovnik.
8.–10. Jh. Im Hinterland entstehen kroatische Fürstentümer, später ein Königreich, das große Teile der Region von Klis bei Split aus regierte. Erste Versuche Venedigs, an der Küste Fuß zu fassen.
11. Jh. Petar Krešimir IV. führt das kroatische Königreich zu höchster Blüte.
12./13. Jh. Die kroatischen Küstenstädte erbitten die Hilfe Venedigs gegen verschiedene Invasoren wie etwa Tataren. Sogar Ragusa muss Venedigs Herrschaft anerkennen, wenn auch nur für kurze Zeit.
15. Jh. Venedig sichert 1420 endgültig seine Macht über Dalmatien. Nur Ragusa bleibt unabhängig. Das Osmanische Reich erobert einen Großteil der Balkanhalbinsel und bedrängt die Küstenstädte. Ragusa verpflichtet sich 1458 zu Tributzahlungen im Austausch gegen weitgehende Autonomie.
16.–18. Jh. Venedig führt Krieg gegen die Türken, um seine Küstenbesitzungen zu schützen. Mit der Ausbeutung von Ressourcen wie Holz und Salz erwirtschaftet die Serenissima in Dalmatien große Gewinne.
1797 Napoleon erobert Venedig und 1808 Ragusa; Dalmatien wird Teil seiner »Illyrischen Provinzen«.
1814/15 Nach dem Wiener Kongress fällt Dalmatien als Kronland an die austro-ungarische Monarchie.
1918 Nach dem Ende des Ersten Weltkriegs tritt Dalmatien dem Königreich der Serben, Kroaten und Slowenen (Königreich Jugoslawien) bei.
1941–1943 Mussolinis Truppen besetzen die meisten Inseln und einen Großteil des Küstenlandes. Von der Insel Vis aus koordiniert Josip Broz Tito zeitweilig den Widerstandskampf der jugoslawischen Partisanen.
1945–1991 Kroatien (und damit auch Dalmatien) ist Teil der Sozialistischen Volksrepublik Jugoslawien, die nach Titos Tod 1980 aber schon bald Auflösungserscheinungen zeigt.
1991–1995 Die EU erkennt 1992 Kroatiens Unabhängigkeit an. Von den Balkankriegen ist 1991/92 auch Kroatien betroffen; Dubrovnik wird von Mitte 1991 bis Anfang 1992 von serbisch-montenegrinischen Truppen belagert und beschossen.

Ab 1991 Verschiedene Regierungen schaffen es nicht, das Land von der grassierenden Korruption und den Verflechtungen zwischen Politik, Justiz und Wirtschaft zu befreien.
2013 Kroatien wird EU-Mitglied.

2016 Die erst 2015 konstituierte Regierung aus HDZ und der Protestpartei Most scheitert an einem Misstrauensvotum. Vorgezogene Neuwahlen im September.
2017 Die Koalitionspartner HDZ und Most entzweien sich erneut.

Natur & Umwelt

Wasser und Land, die in geradezu labyrinthartiger Verflechtung ineinandergreifen, sind das prägende Element dieser faszinierenden Küsten- und Insellandschaft.

Landschaft

Parallel zur Küste verläuft das in mehrere Bergzüge wie das **Biokovo** und das **Velebit** unterteilte **Dinarische Gebirge**. Der Gebirgsstock aus Dolomit und Kalkgestein zeigt die charakteristischen Erosionsformen des Karstes wie Dolinen und Polje, also schmale Einsturztrichter oder weite Täler, die beim Zusammenbruch von Höhlen entstanden sind. Diese »Landschaft« setzt sich unter Wasser fort; die Inseln sind aus dem Meer ragende Gipfelbereiche von Gebirgszügen, die im Zuge einer Absenkung des Adriabeckens vor etwa 12 000 Jahren überflutet wurden. Insgesamt wurden in Dalmatien 942 **Inseln, Inselchen und Riffe** gezählt. Drei große Flüsse münden in Dalmatien ins Meer: die **Krka** bei Šibenik, die **Cetina** bei der Stadt Omiš und die **Neretva** südlich von Ploče. Letztere verzweigt sich zu einem knapp 200 km² großen,

Blick auf den Badeort Makarska und das Biokovo-Gebirge in Mitteldalmatien

Natur & Umwelt

Bergrücken in Süddalmatien mit fantastischer Aussicht auf die Adria

sehr fruchtbaren Delta, in dem vor allem Obst, Gemüse und Reis kultiviert werden.

Flora und Fauna

Da Karstgestein kaum Wasser speichert, sind Festland wie Inseln meist mit trockenheitsresistenter **Macchia** bewachsen. Neben genügsamen **Olivenbäumen** werden auch überall dort, wo sich fruchtbare Erde angesammelt hat, **Reben** gepflanzt. Im Schutz der Küstengebirge entfaltet sich aber auch üppige **mediterrane Flora:** Palmen, Zypressen und Pinien beschatten Promenaden und Strände; Bougainvillea, Hibiskus, Mimosen und Oleander verströmen Farb- und Duftkaskaden, und Inseln wie Hvar sind berühmt für ihre Lavendelfelder.

Wildtiere sind durch Landwirtschaft und Tourismus weitestgehend verdrängt worden. Nur in entlegenen Teilen des Velebit leben **Wölfe** und **Braunbären.** Zu den gefährlichen Bewohnern von Küste und Inseln zählen **Giftschlangen** und **Skorpione.** Bei Wanderungen sollte man deshalb stets knöchelhohe, feste Schuhe tragen. Artenreicher ist die **Vogelwelt** – Gänsegeier und verschiedene Adlerarten sind deren spektakuläre Vertreter. Verbreitete Nutztiere sind Schafe und Ziegen; dem Esel kommt als Lasttier kaum noch Bedeutung zu. Die **kroatische Adria** ist fischreich – über 400 Arten sind verzeichnet, darunter auch Haie und Rochen, die in der westlichen Adriahälfte vor Italien weitestgehend ausgerottet wurden. Zu den 124 bedrohten Fischspezies zählen u. a. die Seezunge und der Große Tümmler. Auch Wolfsbarsch und Dorade, beides beliebte Speisefische, werden nicht mehr in großen Stückzahlen gefangen. Man ist dazu übergegangen, diese auf Fischfarmen zu züchten.

Umweltschutz

Dalmatien tut viel für die **Sauberkeit** seiner Gewässer und Küsten; vor allem moderne Kanalisationen sorgen dafür, dass kein Unrat mehr ins Meer geleitet wird. Zahlreiche mit der Blauen Flagge ausgezeichnete Strände und Marinas sind der Lohn dieser Bemühungen (Verzeichnis auf www.blueflag.org). Vier **Nationalparks** – Velebit, Krka, Kornati und Mljet – schützen besondere Naturlandschaften über und unter Wasser und deren Tier- und Pflanzenwelt. **Touristische Projekte** wie Hotels an noch unverbauten Buchten sind mit dem Umweltschutzgedanken häufig nicht vereinbar. Während früher relativ zügellos gebaut werden durfte, sollen die Pläne heute kritisch geprüft werden. Doch der wirtschaftliche Nutzen wiegt meist mehr als die Ökologie. Schwierig ist auch der Umgang mit **industriellen Altlasten** wie den Industrieanlagen an der Kaštela-Bucht, alten Hafenanlagen usw. Ab- und Umbau von die Landschaft verunzierenden und wahrscheinlich auch den Boden kontaminierenden Fabrikruinen kommen nicht so recht voran.

Kunst & Kultur

Fünf UNESCO-Weltkulturerbestätten sind ein deutlicher Hinweis auf das außergewöhnliche Kulturvermächtnis, das Baumeister und Künstler in den letzten 2000 Jahren in Dalmatien hinterlassen haben.

Das Erbe der Antike
Griechen und Römer haben der Region ihren Stempel aufgedrückt. Griechische Spuren finden sich in eher unspektakulären Amphoren- und Nekropolenfunden, dafür ist das römische Erbe umso imposanter: Der Diokletianspalast – heute Teil der Altstadt von Split – und die 17 im Neretva-Delta bei Narona › **S. 119** gefundenen, wunderbar erhaltenen römischen Statuen sind nur einige Zeugnisse dieser Ära.

Frühchristen und Altkroaten
Mit der Bekehrung der im 7. Jh. zugewanderten Kroaten zum Christentum und den kroatischen Fürstentümern und Königreichen setzt die Ära altkroatischer Kunst und Architektur ein, die sich durch nahezu archaische Steinmetzarbeiten u. a. an Grabsteinen und Altarschranken auszeichnet. Flechtbandornamente und die Verwendung der altkroatischen Kirchenschrift Glagolica sind charakteristisch für diese Epoche, deren schönste Exponate im Archäologischen Museum in Zadar › **S. 62** ausgestellt sind.

Die Blüte der Renaissance
Eine gegenseitige Befruchtung von Traditionen und Techniken östlich und westlich der Adria brachte Meisterwerke der Renaissancekunst wie die Kathedrale von Šibenik › **S. 70** oder den Rektorenpalast in Dubrovnik › **S. 138** hervor. Baumeister, Steinmetze und Maler arbeiteten sowohl in Italien als auch im von Venedig kontrollierten Dalmatien bzw. im Stadtstaat Ragusa. Berühmte Namen dieser Epoche sind **Juraj Dalmatinac** aus Zadar (1410 bis 1473) und **Nikola Fiorentinac** aus Florenz (1418–1506).

Das 19. und 20. Jahrhundert
Zu den bekanntesten Künstlern Dalmatiens zählt der Jugendstilmaler **Vlaho Bukovac** (1855–1922), dessen Wohnhaus und Atelier in Cavtat einen Teil

Ein zorniger Mahner: Bischof Grgur Ninski in Split von Ivan Meštrović

seiner Gemälde präsentiert › **S. 144**. Herausragender Vertreter der Kunst der ersten Hälfte des 20. Jhs. ist der aus Vrpolje stammende **Ivan Meštrović** (1883–1962) › **S. 90**. Seine monumentalen Statuen kroatischer Symbolgestalten wie des Bischofs Grgur Ninski › **S. 41** schmücken prominente Plätze in Split oder Nin. Ein Besuch in seiner Spliter Galerie › **S. 92** macht mit der weniger bekannten, filigranen Seite seiner Kunst bekannt.

Volkskultur und Kunsthandwerk

Kunsthandwerkliche Traditionen werden immer seltener gepflegt, deshalb ist auch das Angebot an »authentischen« Souvenirs sehr eingeschränkt. **Spitzen** von der Insel Pag zählen zu den wenigen Handwerksprodukten, die seit Jahrhunderten angefertigt werden und bis heute überdauert haben. Auf der Insel Brač wird die **Steinbearbeitung** in einer eigenen Steinmetzschule gelehrt, sodass man hier sowohl auf künstlerische wie auch kunsthandwerkliche Arbeiten aus Bračer Marmor stößt. Das süddalmatische Konavle-Tal

SEITENBLICK

Der Zauber der Klapa

Klapa, Gruppe, heißen die in Dalmatien überaus beliebten A-capella-Männerchöre, die zumeist melancholische Lieder über die Liebe, die Heimat und die See vortragen. Instrumentalbegleitung ist ebenso selten wie die Teilnahme von Frauen – allerdings gibt es auch *klape* nur mit Frauen. Eine Gruppe besteht aus fünf bis acht Sängern, die, ein jeder in seiner Tonhöhe, eine stimmungsvolle Polyfonie kreieren. Zentrum der *klapa*-Begeisterung ist Omiš, das alljährlich ein *klapa*-Festival ausrichtet und den besten Chor Kroatiens kürt › **S. 42**. Dalmatiens berühmteste *klape* sind die Gruppe Intrade, die Klapa Cambi und Klapa Iskon. Letztere fusioniert traditionelles Liedgut mit Popmusik.

ist berühmt für die Feinheit der **Seidenstickereien.** Hier pflegt man auch traditionelle Lieder und Tänze, die im Sommerhalbjahr sonntags vor der Kirche von Čilipi › **S. 124** aufgeführt werden. Der Kampf gegen die Osmanen, der Dalmatiens Geschichte jahrhundertelang prägt, spiegelt sich in den überlieferten Schautänzen *kumpanija* und *moreška* auf der Insel Korčula.

Literatur

Man kann die in Glagolica geschriebenen Kirchentexte zwar nicht direkt zur Literatur zählen, sie spielen aber im literarischen Selbstverständnis Kroatiens eine wichtige Rolle. Die Schrift entwickelte der Slawenapostel **Kyrill** im 9. Jh. zur Transkription des Kroatischen für die christliche Liturgie. Die Kirchentexte sollten auch für die Menschen verständlich sein, die des Lateinischen nicht mächtig waren. **Bischof Grgur Ninski** aus Nin verteidigte diesen kroatischen Weg zu Beginn des 10. Jhs. 30 Jahre lang gegen die Versuche der Päpste aus Rom, die Glagolica zu verbieten. Die Schrift blieb unterdrückt, wurde in nur wenigen Klöstern bewahrt und erlebt heute eine Renaissance.

Der wirtschaftliche Höhenflug Dalmatiens im 15./16. Jh. brachte auch eine literarische Blüte hervor: Die bekanntesten Namen sind **Petar Hektorović** und **Hanibal Lucić** aus Hvar › **S. 108** sowie aus Dubrovnik der Theaterautor **Martin Držić** (1508 bis 1567) und der Poet **Ivan Gundulić** (1589–1638), dessen Epos »Dubravka« alljährlich beim Dubrovniker Sommerfestival aufgeführt wird. Obwohl das Venezianische Lingua franca jener Zeit war, schrieben viele Autoren in der Sprache der einfachen Leute, also Kroatisch.

Prägender dalmatinischer Autor der Moderne war der in Dubrovnik geborene **Ivo Vojnović** (1857–1929), der Aufstieg und Fall seiner Heimatstadt im Drama »Dubrovačka trilogija« (1902) verarbeitete.

Grandiose Museen

- Es ist nicht nur Gold und Silber, *zlato i srebro,* zu sehen in der **Sammlung sakraler Kunst** in Zadar, aber die überstrahlen alles. › **S. 62**
- Einem der größten modernen Künstlern Kroatiens begegnen Sie in der **Galerija Meštrović** in Split. › **S. 92**
- Die Sammlung antiker Exponate im **Archäologischen Museum** in Split ist konkurrenzlos und faszinierend. › **S. 93**
- Eine Oase des Friedens und der Besinnung ist das **Franziskanerkloster** in Hvar mit seiner Kunstausstellung. › **S. 108**
- Eine spektakuläre Sammlung römischer Statuen birgt das **Archäologische Museum** in Narona. › **S. 119**
- Architektur, Einrichtung und Atmosphäre bündelt der **Rektorenpalast** in Dubrovnik zu einem Spiegelbild des historischen Ragusa. › **S. 138**

Feste & Veranstaltungen

Während im Sommer eine wahre Festival- und Veranstaltungsorgie Festland und Inseln überzieht, ist es im Winter deutlich ruhiger.

Hier die spannendsten Events zwischen Klassik, Folklore und Rap. Einen Überblick über Festivals und Events gibt auch www.croatia.hr.

Festkalender

3. Februar: Dubrovnik feiert seinen Stadtpatron Sv. Vlaho mit feierlicher Prozession und Messe.

19. März: Den Patronatstag des hl. Joseph begeht Ston mit einer fröhlichen Austern- und Weinverkostung.

Juni: Wurzeln im 16. Jh. hat die **Palagruža Regatta** Ende Juni in Komiža auf der Insel Vis, bei der sich die traditionellen *gajeta-falkuša*-Boote ein spannendes Rennen liefern.

Juli/August: Kroatiens beste *klapa*-Chöre › S. 40 erleben Zuhörer beim **Festival dalmatinskih klapa** im Juli in Omiš im Wettbewerb (http://fdk.hr). Auf Korčula wird die Erinnerung an die Kämpfe mit den Osmanen mit dem Schwerttanz **Moreška** aufrechterhalten. Jeweils Montag- und Donnerstagabend fiebern Besucher in Korčulas Freiluftkino mit den akrobatischen Tänzern mit (Juli/August). Lustig geht es bei den **Saljske užance** zu. Das dreitägige Fest in Sali auf Dugi otok wird am ersten Augustwochenende zu Ehren des Stadtpatrons mit einer Fischernacht, einem bunten Markt und einem Eselsrennen gefeiert. Dazu spielt *Tovareća muzika* (Eselsmusik). Bei der **Sinjska Alka** in Sinj (35 km landeinwärts von Split) konkurrieren Reiter in Ritterkostümierung am ersten Augustwochenende miteinander. Ziel ist es, in rasendem Galopp mit der Lanze einen Ring zu treffen. Seit 1715 ist dieses Fest, das an einen Sieg der Sinjer über die Osmanen erinnert, bezeugt. Um den 15. August, **Mariä Himmelfahrt,** finden vielerorts feierliche Prozessionen statt, bei denen eine (womöglich wundertätige) Marienstatue mitgeführt wird. Fast zwei Monate dauert das **Dubrovnik-Festival** (Dubrovačke ljetne igre) im Juli und August mit ambitioniertem Programm aus den verschiedenen kulturellen Sparten von Kammerkonzert bis Oper, von Schauspiel bis Folklore (www.dubrovnik-festival.hr). Ähnlich ist das Programm des **Split Summer Festival** (Splitsko ljeto, www.splitsko-ljeto.hr) von Mitte Juli bis Mitte

Prozession an Mariä Himmelfahrt in Split

August. Klassische Musik in der wunderbaren Kulisse der Rotunde Sv. Donat steht auf dem Programm der **Musikabende in St. Donat** (Glazbene večeri u Sv. Donatu) in Zadar Anfang Juli bis Anfang August (www.donat-festival.com). Sonne, Meer, Musik vereint das **Garden Festival** Anfang Juli in Tisno auf der Insel Murter (www.thegardenfestival.eu). Mitte Juli kommen die besten DJs zum **Ultra Festival** der elektronischen Musik in das Fußballstadion von Hajduk Split zum kollektiven Techno-Rausch (https://ultraeurope.com).

Jüngstes Baby der Festival-Szene ist **Obonjan**, ein Inselchen vor Šibenik, das von Ende Juli bis Anfang September zum Dauertanzen und -chillen lädt – eine Mischung aus Strandurlaub und Festival mit verschiedensten Musikstilen (www.obonjan-island.com).
Oktober: Beim **Good Food Festival** Ende Oktober werden Spezialitäten aus der Region in Dubrovniks Altstadt aufgetischt (http://visitdubrovnik.hr).
Silvester/Neujahr: Besonders lebhaft ist die Silvesternacht in der Altstadt von Dubrovnik.

Essen & Trinken

Gesunde mediterrane Küche mit nativem Olivenöl und viel frischem Fisch erwartet Sie an der kroatischen Küste. Und einige der besten Tropfen Südeuropas.

Bereits die Griechen pflanzten in Dalmatien Oliven, deren Öl die Grundlage für die meisten dalmatinischen Speisen bildet. Und diese sind weitaus komplexer und vielfältiger als die aus der jugoslawischen Ära bekannte, eher einfache Grillküche. Fisch und Fleisch werden zwar nach wie vor gern über offener Holzkohlenglut zubereitet, aber die Köche greifen auch wieder zu traditionellem Küchengerät wie der *peka*.

Traditionsgerichte

Peka, in Dalmatien auch *cripnja* genannt, ist eine schwere Eisenpfanne mit glockenförmigem Deckel. Die Hausfrau gart darin bevorzugt Lamm, aber auch Rind und Huhn, zusammen mit Zwiebeln, Kartoffeln, weiteren Gemüsen und Gewürzen in der Herdglut mehrere Stunden lang. Das Fleisch wird unendlich zart und hat alle Aromen seiner Begleiter aufgenommen. *Pod peke,* wörtlich »unter der Peka«, gibt es gelegentlich auch Tintenfisch. Auf jeden Fall muss ein Peka-Gericht am Vortag bestellt werden.

Ohne Vorbestellung findet man vielerorts eine **Pašticada** auf der Speisekarte. Es ist in Wein mit Zwiebeln, Karotten, Knoblauch, Lorbeer, Nelken und Trockenfeigen geschmortes Rindfleisch und schmeckt sehr aromatisch. Meist werden dazu **Njoki,** die dalmatinische Variante der italienischen Gnocchi, serviert. Ein Hauch von Zimt sorgt bei der Dubrovniker Spezialität **Šporki makaruli** für den besonderen, etwas exotischen Gout: Die hausgemachten Nudeln mit Rindfleischsauce wurden früher zuerst dem Adel serviert, der sich großzügig am Fleischanteil gütlich tat, sodass den Bediensteten am Ende nur »schmutzige Makkaroni« blieben.

Auch **Čevapčići** und **Ražnići,** Hackfleischröllchen und Schweinefleischspieße vom Grill, zählen zur Traditionsküche, wenngleich sie eher bosnischen als dalmatinischen Ursprungs sind. Sie stehen in Dalmatien auf so gut wie jeder Speisekarte.

Aus dem Meer

Edelfische wie Wolfsbarsch, Goldbrasse und Seezunge werden auf verschiedenste Arten zubereitet und nach Gewicht berechnet – deshalb sollten Sie bei der Bestellung genau abklären, wie viel Sie essen möchten. Als Beilage schmeckt **Blitva**, Mangold, der zusammen mit Kartoffeln und Knoblauch in Olivenöl gedünstet wird. In jüngster Zeit kommt auch früher ungeliebter Beifang zu Ehren – **Makrelen, Sardinen, Anchovis** und was sonst noch ins Netz geht verarbeiten vor allem ambitionierte Fischköche zu feinen Gerichten. Auch **Tintenfisch** (hobotnica), **Scampi** (skampi), **Muscheln** (školjke) und **Austern** (kamenice) stehen auf den Speisekarten, Letztere in Mali Ston › S. 126 absolut frisch aus der Zucht direkt neben den Restaurants.

Genuss pur

Schinken und Käse, goldglänzende Oliven – unverfälscht schmecken die Naturprodukte am besten. **Pršut,** also luftgetrockneter Schinken, und **Paški sir,** Käse von der Insel Pag, eröffnen oft als Vorspeisen das Menü. Lassen Sie sich auch in Kapern und Olivenöl eingelegte Sardinen bringen – das kann schon ein komplettes Abendessen ersetzen.

Rohen, nur mit etwas Olivenöl, Meersalz und Zitronensaft marinierten Fisch haben die Dalmatiner

> **! Erstklassig**
>
> ### Restaurants vom Feinsten
>
> - Die hohe Kunst feiner Kreativküche zelebriert das **Pelegrini** in Šibenik. › S. 73
> - Buchen Sie rechtzeitig einen Tisch auf der grandiosen Terrasse des **Paradigma** in Split; die innovative Mittelmeerküche ist fantastisch! › S. 94
> - In der Hvarer **Zlatna Školjka** brauchen Sie etwas Geduld, denn der Küchenchef zelebriert Slow Food mit großem Erfolg. › S. 109
> - Mit die besten Austern gibt es bei **Bota Šare** in Mali Ston, denn die Eigentümer besitzen eigene Austernbänke. › S. 126
> - Das Restaurant **LD Terrace** auf Korčula ist Treffpunkt der Reichen und Schönen – dem feinen Essen tut das keinen Abbruch. › S. 131
> - Ein Bootssteg, ein kleiner Ponton, ein winziges Lokal: **Kod Marka** in Šipanska luka auf Šipan ist süddalmatinischer Kult! › S. 147

Essen & Trinken

schon immer gegessen; heute allerdings nennt man das geschäftstüchtig **kroatische Sushi oder Sashimi.** So oder so, frisch aus dem Meer geholt, sind es unvergessliche Genüsse!

Süßes zuletzt

Die Auswahl an Süßspeisen ist nicht sehr groß. Zwar gibt es traditionelle Schleckereien wie die mit Rožalin-Likör aus Hagebutten beträufelte Crème brûlée **Rožata** aus Dubrovnik oder **Krostule,** frittiertes und mit Puderzucker bestreutes Gebäck, aber auf den meisten Speisekarten stehen nur zwei Positionen: Eis und **Palačinke.** Die dünnen Pfannkuchen gibt es mit allen nur erdenklichen Füllungen.

Wasser, Bier und Wein

Mineralwasser aus mehreren Heilquellen wie das slowenische **Radenska** oder das kroatische **Jamnica** bekommt man mit oder ohne Sprudel. Die am häufigsten ausgeschenkten Biersorten sind **Karlovačko** und **Ožujsko,** doch auch in Kroatien nimmt der Trend zum Craft Beer Fahrt auf, sodass Kenner in bestimmten Lokalen unter einer Vielzahl von Bieren wählen können.

Welchen **Wein** Sie trinken, ist von Region zu Region unterschiedlich. In Dalmatien und vor allem in der südlichen Hälfte auf Korčula und Pelješac werden für Rotwein **Plavacmali-Reben** gepflanzt, doch auch **Zinfandel** zeigt gute Erträge. Unter den Weißweinen nehmen **Pošip** und **Grk** eine wichtige Stellung ein. Allen gemeinsam ist der sehr hohe Alkoholgehalt von bis zu 14,5 %. Wer sich ausführlich über dalmatinische Weine informieren möchte, findet auf www.dalma.de eine umfangreiche Präsentation der Weinbaugebiete und ihrer jeweiligen Stärken.

Erstklassig

Bunte Märkte

- Was die Adria so hergibt, präsentiert der Fischmarkt **Ribarnica** stilvoll in einer Jugendstilhalle in der Altstadt von **Split.** Los geht's in der ul. Obrov 5 ab 6.30 Uhr, um 10 Uhr ist alles vorbei. › S. 78
- Handeln und feilschen an der Römermauer: Die Standleute auf dem stimmungsvollen **Stari Pazar** von **Split** präsentieren Obst und Gemüse am Diokletianpalast. › S. 92
- Zwischen Kitsch und Kunst changieren die Souvenirs aus Bračer Marmor, die junge Steinmetze am **Hafenbecken** von **Pučišća** anbieten. Es lohnt sich zu stöbern! › S. 106
- Dass hier früher einmal Ragusaner Adelige in einem Barockgarten lustwandelten, sieht man dem **Markt** in **Dubrovnik-Gruž** nicht mehr an; nur die Villa daneben wirkt immer noch recht imposant. › S. 121
- Seidenstickereien, Flechtwaren und Töpferei sind die Spezialitäten der Region Konavle. Im Sommer bieten sie die Frauen auf dem **Markt** in **Čilipi** an. › S. 124

Zlatni rat, das »Goldene Horn« bei Bol auf der Insel Brač, ragt als Kieszunge ins Meer

TOP-TOUREN & SEHENS-WERTES

NORD-DALMATIEN

Kleine Inspiration

- **Den romantischen Blick auf die Kathedrale von Pag genießen** bei einem Glas Wein in der Weinbar Trapula › S. 57
- **Die tržnica Zadar besuchen** und selbst gemachte Marmelade von einer Bäuerin kaufen. › S. 64
- **Unterhalb des Wasserfalls plantschen** und dabei einen Riesenspaß haben im Krka-Nationalpark › S. 74
- **Den Geschmack Dalmatiens kosten** bei der Ribarska marenda, dem Fischerbrunch im Restaurant Mediteran in Primošten › S. 75

Karte S. 53

Tour 1–4 **Norddalmatien**

Vor dem majestätischen Riegel des Velebit breitet sich ein Labyrinth aus tiefen Fjorden, Wasserstraßen, Inselrücken und Buchten aus. Zadar und Šibenik halten mit faszinierender Architektur und Kunst dagegen.

Wo das nördliche Dalmatien beginnt ist umstritten. Die Insel Pag etwa rechnen die einen zur nördlichen Ferienregion, die anderen zur südlichen. Im Relief ist der Übergang von der weiten Bucht um Rijeka nach Norddalmatien gut sichtbar. Die großen Inseln, angefangen mit Pag über Dugi otok, Ugljan und Pašman, liegen als lange, schmale Gebilde parallel zur Küste im Meer, umgeben von einem fast impressionistisch anmutenden Tupfenwerk von Inselchen und Riffen. Im Nationalpark Kornati findet diese Landschaftsform ihren Höhepunkt.

Urbane Highlights sind die lebhafte Hafenstadt Zadar, deren Zentrum eine Vielzahl kunsthistorischer Höhepunkte und zwei spannende Kunstinstallationen bereithält, und das bezaubernde Šibenik rund um seinen hell strahlenden, steinernen Dom, der zum UNESCO-Welterbe zählt. Von Zadar halten Fährschiffe und Katamarane die Verbindung zu den Inseln aufrecht.

Kies- und Felsbuchten säumen die Küste; um die Badeorte Biograd na moru, Vodice und Pakoštane erstrecken sich kilometerlange Strände, teils mit sandigen Abschnitten. Auf den großen Inseln fordern Rad- und Mountainbikestrecken zur Eroberung auch entlegener Winkel heraus. Unbedingt zu empfehlen ist der Besuch des märchenhaften Nationalparks Plitvice.

Touren in der Region

Wandern im nördlichen Velebit

Route: Zavižan-Hütte (1597 m) › Alan-Hütte (1340 m)

Karte: Seite 53
Länge/Dauer: 16 km/4 Std.
Praktische Hinweise:
- Mittlerer Schwierigkeitsgrad.

- Anfahrt zur Hütte Zavižan und Abholung an der Alan-Hütte per Taxi von Karlobag [B2] organisieren (Auskunft: Tourismusverband Karlobag, Trg Dr. F. Tuđmana 2, Tel. 053 69 42 51, www.tz-karlobag.hr).
- Getränke und Essen mitnehmen (keine Versorgungsmöglichkeiten).
- Nicht bei Bora gehen!

Blick über die Altstadt von Šibenik

Norddalmatien Tour 1: Wandern im nördlichen Velebit

Tour-Start:

Die aussichtsreiche Tagestour verläuft auf der ersten Etappe des 57 km langen **Fernwanderwegs Premužić** [B1] durch das Velebit-Gebirge, den von 1930 bis 1933 der Forstingenieur Ante Premužić (1889 bis 1979) anlegte. Premužić gab sich dabei größte Mühe, ihn auch Nichttrainierten zugänglich zu machen. So nivellierte er Höhenunterschiede mit traditionellen Trockensteinmauern nachempfundenen Dämmen.

Ein letzter Blick auf das Schwarz-Weiß-Foto des Herrn Forstingenieur in der **Zavižan-Hütte,** dann geht's los. Zunächst wandert man durch Buchen- und Kiefernwald, aber schon bald drängen karge, nur noch von zäher Macchia bestandene Karrenfelder in den Vordergrund. Sie zählen zu den charakteristischen Erosionsformen des Karstgesteins. Die Sicht auf das Meer und die darin wie urzeitliche Tiere dümpelnden Inseln ist gewaltig, der Weg bequem, wenngleich es zum Meer hin gelegentlich steil abfällt. An den Hängen stehen Hausruinen. Die meisten Bewohner haben das harte Leben im Gebirge gegen ein bequemeres an der Küste eingetauscht.

Im Frühjahr und Sommer verwandelt sich die Macchia in ein Duft- und Blütenmeer: Akelei, Glockenblume und Silberwurz leuchten aus dem Grün. Beim Herumklettern abseits des Pfades sollte man sehr vorsichtig sein – Hornvipern lieben dieses steinerne Reich. Nach rund vier Stunden ist schließlich das Ziel der Wanderung, die **Berghütte Alan,** erreicht.

Radtour zum Mond

Route: Novalja › Šankovi stani (Badebucht) › Dabovi stani (Badebucht) › Jakišnica › Mulobedanj › Lun › Tovarnele › Novalja

Karte: Seite 53
Länge/Dauer: 38 km, 3 Std. bis 1 Tag
Praktische Hinweise:
- Nehmen Sie Badesachen und einen Picknickkorb mit.
- Die Tour nicht bei starkem Wind fahren, man ist auf der schmalen Halbinsel ungeschützt.
- Fahrradverleih in Novalja beim Camp Straško, Zeleni put 7 (100 Kn/Tag)

Tour-Start:

Start ist in **Novalja** 3 › S. 57 auf der Straße Lunjski put, die direkt nach Nordwesten aus dem Ort heraus und auf die Halbinsel Lun führt. Bereits nach 2,5 km böte sich bei **Šankovi stani** [B2] eine erste Gelegenheit zum Bad; allerdings muss man hierzu rund 500 m nach links hinunter ans Meer radeln bzw. schieben – der Feldweg ist holprig! Auch in **Dabovi stani** [B2], km 5,8, führt ein Weg an einen hübschen Kiesstrand. Beide kann man sich auch für den Rückweg vormerken.

Knapp 7 km weiter zweigt eine Straße links nach **Jakišnica** [B1] ab; mehrere nette Bistrots laden an der Hafenbucht zur Rast. Schließlich ist bei km 18 der Hauptort Lun [B1] er-

Karte S. 53

Tour 2: Radtour zum Mond **Norddalmatien**

In den »Luner Olivengärten« mit ihren windgebeugten, z.T. 1000 Jahre alten Bäumen

reicht. Die Halbinsel ist hier einen knappen Kilometer breit; knorrige, ineinander verwundene und vom Wind gebeugte Olivenbäume säumen die Straße wie erstarrte Gnome. Um diese besondere Landschaft zu erhalten, hat die EU das Projekt »Luner Olivengärten«, **Vrtovi Lunjskih maslina,** kofinanziert. Auf dem 24 ha großen Areal stehen über 80 000 Olivenbäume, mehr als 1000 von ihnen sind über 1200 Jahre alt. Etwa 7 km Rundwege führen zum ältesten Olivenbaum, zu Steinkreisen aus Trockenmauern, zu Aussichtspunkten und einer Ölmühle. Am Ausgang besteht die Möglichkeit, Olivenprodukte wie etwa Öl oder Seife zu erwerben (Tel. 053 66 20 40, www.vlm.com.hr, Mo bis Fr 8–15 Uhr). **50 Dinge** ㊳ › S. 16.

1,5 km sind es dann noch bis zur Nordspitze bei **Tovarnele** [B1], einer idyllischen Hafenbucht mit der einfachen Bar Rožmarin und zahlreichen Ferienhäusern. Sie fahren in einem Bogen nach links am Meer entlang und wieder landeinwärts, wo Sie nach einem knappen Kilometer auf die Hauptstraße treffen. Auf gleichem Weg und mit eventuellen Strandabstechern in Dabovi stani oder Šankovi stani geht es schließlich zurück nach Novalja.

Die Inseln Ugljan und Pašman

Route: Zadar › Biograd na moru › Tkon › Preko › Ugljan › Preko › Zadar

Karte: Seite 53
Länge/Dauer: 102 km, 1 Tag
Praktische Hinweise:
- Fährpassagen von Biograd na moru nach Tkon/Pašman und von Preko/Ugljan nach Zadar; in der Hochsaison stündlich; Fahrtzeiten auf www.jadrolinija.hr
- Badesachen nicht vergessen.

Norddalmatien — Tour 3: Die Inseln Ugljan und Pašman

Karte S. 53

Tour-Start:

Von **Zadar** 6 › S. 60 fahren Sie die Küste entlang 30 km nach Süden; das Ziel, die Inseln Ugljan und Pašman, liegen parallel zur Küste.

In Biograd na moru setzen Sie mit der Fähre nach Tkon auf **Pašman** 17 › S. 69 über. Sehenswert v. a. wegen seines Panoramablicks auf das Festland ist das Kloster Sv. Kuzma i Damjan 2 km nordwestlich.

Einer der schönsten Strände des Zadarer Archipels verbirgt sich ganz im Süden Pašmans, in der **Uvala Zaklopica** [C4]. Ihn erreicht man über einen kleinen Umweg – zunächst fährt man die Küste entlang nach Nordwesten bis Kraj (3 km), biegt dort links ab, hält sich an der nächsten Kreuzung (1 km) erneut links und folgt der Straße bis zur tief eingeschnittenen Bucht (7,5 km) mit sandigem Grund. Erste Badepause! Wer danach Hunger verspürt: Die Konoba Zaklopica hat frischen Fisch im Angebot (Uvala Zaklopica, Tel. 091 583 02 57, €€, nur im Sommer geöffnet). Auf gleichem Weg zurück und nach Nordwesten fahrend, durchquert man Olivenhaine, mehrere bescheidene Hafenorte und das hübsche **Pašman** [C4]. Nach 24 km ist die Brücke hinüber nach **Ugljan** 16 › S. 69 erreicht.

3 km weiter ist **Kukljica** [C3] berühmt für seine Bootsprozession, bei der seit 1514 immer am 15. August eine Marienstatue von der Pfarrkirche Sv. Pavel zur Kapelle Gospe Snježne (Schneemadonna) gebracht wird. Nächster Ort 6 km weiter ist **Kali** [C3], im Kern noch ein Fischerdorf, an dessen Hafen die Männer ihre Netze zum Trocknen aufhängen und flicken. Er geht fast übergangslos in den lebhaften Fährhafen **Preko** [C3] über. Per Boot gelangt man zum Franziskanerkloster auf dem vorgelagerten Inselchen **Galevac** [C3], und zu Fuß oder mit dem Auto geht's zur Festung Sv. Mihovil mit weitem Rundblick übers Archipel. Nach 9 km stets entlang der Küste, steht man im reizvollen Fischerort **Ugljan** [C3] mit seiner flachen Sandbucht Mostir. Dem Strand gegenüber schützen hohe Mauern und ein Pinienhain das Kloster Sv. Jeronim aus dem 15./16. Jh. Manchmal ist das Tor geöffnet, und Besucher dürfen einen Blick in den Kreuzgang und die Kirche werfen. Im 3 km entfernten **Muline** [B3] sind Sie fast am nördlichsten Punkt angelangt. Fragen Sie nach dem **Strand Vela Luka** – hier empfiehlt sich ein weiterer Badestopp. Nun kehrt man 12 km auf selbem Weg nach Preko zurück und nimmt die Zadar-Fähre.

Preko auf Ugljan mit dem Inselchen Galevac

Tour 1–4 **Norddalmatien**

Touren in Norddalmatien

Tour ①
Wandern im nördlichen Velebit
Zavižan-Hütte › Alan-Hütte

Tour ②
Radtour zum Mond
Novalja › Šankovi stani (Badebucht) › Dabovi stani (Badebucht) › Jakišnica › Mulobedanj › Lun › Tovarnele › Novalja

Tour ③
Die Inseln Ugljan und Pašman
Zadar › Biograd na moru › Tkon › Preko › Ugljan › Preko › Zadar

Tour ④
Insel Dugi otok in ihrer ganzen Länge
Zadar › Brbinj › Božava › Sakarun › Brbinj › Sali › Telašćica-Naturpark › Brbinj › Zadar

Norddalmatien Tour 4: Insel Dugi otok

Insel Dugi otok in ihrer ganzen Länge

Route: Zadar › Brbinj › Božava › plaža Sakarun › Brbinj › Sali › Telašćica-Naturpark › Brbinj › Zadar

Karte: Seite 53
Länge/Dauer: 90 km, Tagestour mit dem Auto, mit dem Fahrrad 2 Tage
Praktische Hinweise:
- Abfahrtszeiten der Autofähren unter www.jadrolinija.hr
- Badesachen mitnehmen.
- Für den Spaziergang zum See Mir sind feste Schuhe von Vorteil.

Tour-Start:

Das schmale Eiland ist touristisch wenig erschlossen, trotz des Telašćica-Naturparks im Süden mit einzigartigen Landschaftsformen.

Von **Zadar** 6 › S. 60 setzt man zunächst mit der Fähre nach **Brbinj** [B3] über, den Hafen im Nordosten der Insel. Die tiefe, geschützte Bucht dient seit Jahrhunderten als sicherer Ankerplatz. 14 km nach Nordwesten sind es bis **Božava** 11 › S. 67, einen der wenigen Orte mit touristischer Infrastruktur; im Sommer gibt es sogar einen Touristenzug zum 5 km entfernten Strand **plaža Sakarun** › S. 67 an der Südwestküste mit Feinkies und Sand. Hier kann man eine Badepause einlegen oder aber einen 5 km langen Abstecher zum einsamen **Leuchtturm von Veli rat** › S. 67 unternehmen.

Zurück in Brbinj fahren Sie nun die ganze Länge dieses schmalen Inselgrats nach Süden. Die Küste zur Linken ist flach, buchtenreich und fruchtbar; rechts, im Südwesten also, besteht sie zumeist aus hohen Felsklippen. Mit **Sali** 12 › S. 67 erreichen Sie nach knapp 40 km einen hübschen Hafenort an einer tiefen Bucht. Das Restaurant Spageritimo › S. 68 empfiehlt sich für eine Mittagsrast. Oder haben Sie einen Picknickkorb dabei? Dann suchen Sie sich im Olivenhain auf dem **Saljsko polje** › S. 67 nördlich des Städtchens einen Olivenbaum und picknicken im Schatten dieser angeblich 1000-jährigen Baumriesen.

3 km nach Süden, sind Sie an der Telašćica-Bucht angekommen. Die tief eingeschnittene Bucht ist in diesem Teil der Adria einer der sichersten Ankerplätze, wenn die Bora stürmt. Treppenstufen führen beim kleinen Empfangszentrum des **Naturparks Telašćica** 13 › S. 67 hinauf auf die Krone der nahezu senkrecht aus dem Wasser wachsenden und bis zu 200 m hohen Küstenfelsen. Von oben sieht man förmlich, wie die Inseln der dalmatinischen Küste entstanden sind. Von dem durch den steigenden Meeresspiegel nach der letzten Eiszeit überschwemmten Küstengebirge ragen nur noch die Gipfelregionen aus dem Wasser. Ein Fußweg von rund 4 km bringt Sie schließlich zum **Salzsee Mir** › S. 68, in dem Sie ein Bad nehmen können. Sein Wasser ist 6 °C wärmer als das Meer. Nach dem Ausflug in den Naturpark kehren Sie nach Brbinj zurück und setzen nach Zadar über.

Insel Pag **Norddalmatien**

Unterwegs in der Region

Insel Pag [B1–2]

Knapp 60 km lang und an seiner schmalsten Stelle nur 2 km messend, liegt das karge Eiland Pag vor der norddalmatinischen Küste und dem mächtigen Velebit-Gebirge. Im Norden reicht die Inselspitze bis vor die Kvarner Insel Rab, im Süden stößt sie nahezu an das Festland (zu dem eine Brücke hinüberführt). Die Meerenge Velebitski kanal zählt zu den gefährlichsten Wasserstraßen des Mittelmeers, denn hier peitscht der von Nordosten anstürmende Fallwind Bora mit besonderer Gewalt das Wasser auf. Wer an einem Bora-Tag mit der Fähre von Gradina nach Žigljen auf Pag übersetzt, spürt, welche Kräfte dieser Wind entfesselt, und wundert sich dann auch nicht über die völlig vegetationslosen Felsen, die Pag dem Festland zeigt. Angesichts der mit Salz geschwängerten Sturmböen überlebt hier keine Pflanze. Auch das Inselinnere ist größtenteils mit zäher Macchia bewachsen, die Schafe beweiden. Von der Insel Pag kommt der berühmteste Käse Dalmatiens, der *Paški sir*.

Verkehr

Fähre der Jadrolinija zwischen Gradina (Festland) und Žigljen (Pag) (www.jadrolinija.hr).

Pag-Stadt 1 ⭐ [B2]

Etwas ist anders in Pag-Stadt: weder verwinkelte Gässchen, noch romantische Plätzchen, vielmehr breite, von hellen Steinhäusern gesäumte Gassen und ein Hauptplatz von überdimensionalem Zuschnitt, zumindest gemessen an der Größe der Inselhauptstadt mit ihren knapp

Glatt geschmirgelte Felsen bei Zubovići auf der Insel Pag

3000 Einwohnern. Geschuldet ist dies einem der berühmtesten Architekten Dalmatiens, der sich nach seiner Heimat Juraj Dalmatinac › S. 39 nannte und im 15. Jh. die Enge der Gotik für die lichte Weite der Renaissance öffnete. Pag-Stadt entstand nach seinen an antiken Vorbildern orientierten Entwürfen in rechtwinkeligem Straßenraster, weil die ursprüngliche Siedlung, das heutige Stari grad, keine Sicherheit vor türkischen Angriffen bot. Eine massive Stadtmauer sowie neun Wehrtürme schützten das neue Pag, in das die Bevölkerung nach knapp 20 Jahren Bauzeit 1467 umzog.

Von den neun Türmen hat nur einer, **Kula Skrivanat,** überdauert; auch die Mauern sind gefallen. Erhalten aber ist das wunderbare Ensemble am Platz Trg kralja Petra Krešimira, die Kathedrale **Marijinog Uznesenja** und der Rektorenpalast **Knežev dvor** schräg gegenüber, beide im Übergang von Gotik zu Renaissance. Bemerkenswert ist die Schutzmantelmadonna in der Lünette über dem Kirchenportal, unter deren Mantel sich (an der Tracht kenntlich) Pager Bürger versammeln. Die Rosette darüber nimmt das kunstvolle Muster traditioneller Pager Spitzen auf. Am Rektorenpalast fallen die gotischen Zwillingsfenster ins Auge; lohnend ist ein Besuch der im Palast untergebrachten **Galerija Paške čipke** (Trg kralja Petra Krešimira, Sommer tgl. 9.30–12.30, 20–22.30 Uhr) mit einer Ausstellung feinster Inselspitzen. Beim Bummel durch Pag sehen Sie mit Sicherheit Frauen, die auf der Bank oder einem Stuhl vor ihrem Haus klöppeln. Manche verkaufen die Spitzendeckchen auch direkt.

Von **Stari grad,** dem historischen Pag 1 km südlich, sind nur noch die romanische **Marienkirche** und Ruinen eines Klosters erhalten. Die Statue der hl. Jungfrau im Gotteshaus gilt als wundertätig. Bei einer feierlichen Prozession reist sie jedes Jahr am 15. August in die Kathedrale des neuen Pag und kehrt drei Wochen später an ihren Platz zurück.

Auch die **Salzlagerhäuser** auf der Halbinsel Prosik der Altstadt gegenüber sind sehenswert; drei stammen aus dem 17., die übrigen sechs aus dem 19. Jh. Eine nach historischem Vorbild neu erbaute Bogenbrücke führt hinüber. Heute beherbergt eines der Lagerhäuser das Salinenmuseum **Izložba solarstva** (Stara riva, Sommer tgl. 10–13, 19–22 Uhr).

Die Verdunstungs- und Kristallisationsbecken der Pager Saline Solana, in denen nach wie vor Salz gewonnen wird, stehen nicht zur Besichtigung.

Info

TZ Pag
- Od špitala 2 | 23250 Pag-Stadt
Tel. 023 61 12 86 | www.tzpag.hr

Hotel

Pagus €€
Die hübsch modernisierte Anlage am Strand von Pag-Stadt besitzt geschmackvoll eingerichtete Zimmer und einen Innenpool für kühle Tage.
- Ante Starčevića 1 | Pag-Stadt
Tel. 023 61 13 10
www.hotel-pagus.hr

Karte S. 53

Insel Pag **Norddalmatien**

Restaurants

Bistrot na Tale €€
Man speist mit Blick auf die Bucht oder hinten im schattigen Garten Pager Spezialitäten wie Lamm.
• Radićeva 2 | Pag-Stadt
  Tel. 023 61 11 94

Konoba Barcarola €€
Tintenfisch, Muscheln, Fang des Tages, alles lecker zubereitet.
• Šetalište V. Nazora 1 | Pag-Stadt
  Tel. 023 61 12 39

Trapula €€
In der sympathischen Weinbar sitzen Sie mit romantischem Blick auf die Kathedrale; zu den lokalen Weinen schmecken kroatische Tapas oder eine Käseplatte.
• Trg kralja Petra Krešimira | Pag-Stadt
  Tel. 099 271 90 14

Ausflug nach Kolan 2 [B2]

Interessanter als der Käse-Hauptort der Insel selbst sind die 16 km Fahrt von Pag-Stadt durch karge Fels- und Macchialandschaft nach Nordwesten. Vorbei an Schafherden, Hirtenhütten und Trockensteinmauern, die die Insel wie ein Spinnennetz überziehen, passiert man den Weiler Šimuni mit einem der beliebtesten Kiesstrände der Insel und erreicht schließlich Kolan, wo jedes zweite Haus mit einem Schild für die eigene Käseherstellung wirbt. Die beiden großen Platzhirsche heißen MIH und Gligora, doch auch viele Kleinproduzenten verkaufen den berühmten *Paški sir*. Den aromatischen Geschmack verdankt der Pager Schafskäse den Kräutern, die

Pags berühmter Käse *Paški sir*

die Schafe abweiden. Bei Gligora (Figurica 20, Tel. 023 69 80 52, www.gligora.com) bzw. MIH (Stanić 29, Tel. 023 69 80 11, http://siranamih.hr) können Besucher die verschiedenen Sorten verkosten und kaufen.

Restaurant

Konoba Figurica €€
Auf der schattigen Terrasse, umgeben von Olivenbäumen und mit Blick übers Meer, können Gäste so richtig die Seele baumeln lassen. Es gibt besten *Paški sir*, außerdem verschiedene Grillgerichte.
• Figurica 11 | 23251 Kolan
  Tel. 023 69 80 90
  www.opg-figurica.com

Novalja 3 [B2]

Der Ort gilt als Europas Partyhauptstadt, zumindest möchten viele in Novalja, dass dieses zweifelhafte Attribut ihnen noch möglichst lange Einnahmen beschert. Am kiesigen **Zrće Beach** reihen sich Diskotheken, Bars und Lounges aneinander. Die Musik spielt Tag und Nacht, und das vorrangig junge Publikum tut sein Möglichstes, das Leben zu ge-

Norddalmatien Insel Pag

Karte
S. 53

nießen. Für über 25-Jährige ist die Stimmung zumindest in den Sommermonaten nur schwer auszuhalten – die besuchen Novalja besser in der Vor- oder Nachsaison.

Neben dem Partyimage besitzt der Ort übrigens ein sehenswertes Museum, das **Gradski muzej** (Trg dr. F. Tuđmana 1, www.muzej.novalja.hr, Juni–Sept. Mo–Sa 9–13, 18–22, So 18–22 Uhr). Die Ausstellungen widmen sich den maritimen und ethnografischen Traditionen der Insel. In der archäologischen Abteilung ist neben interessanten Exponaten der Unterwasserarchäologie der Zugang zu einem unterirdisch verlaufenden römischen Aquädukt erhalten, das Wasser von einer 1 km entfernten Quelle in die Stadt leitete.

Info
TZ Novalja
- Ul. kralja Zvonimira | 53291 Novalja
  Tel. 053 66 14 04
  www.visitnovalja.hr

Hotel
Boškinac €€€
Das Boutiquehotel ist Teil eines Weinguts und auch für sein Restaurant berühmt. **50 Dinge** ⑪ › **S. 13.** Nur wenige Kilometer vom quirligen Novalja ❗ wohnen Sie in paradiesischer Ruhe.
- Škopaljska 220 | Novalja
  Tel. 053 66 35 00 | www.boskinac.com

SEITENBLICK
Die Geister die ich rief …
Angefangen hat alles mit dem Zagreber Top-Klub Aquarius, der seinen im Sommer an der Küste urlaubenden Stammkunden hinterherreiste und an Novaljas schönem **Zrće Beach** eine Dependence eröffnete. Andere kroatische Klubs zogen nach, und schnell hatte der hübsche Ferienort unter jungen Kroaten einen Ruf als Sommer-Party-Location. Inzwischen haben findige Event-Vermarkter Novalja auch für den Rest Europas entdeckt und fliegen feierwütige Mittel- und Nordeuropäer in Massen ein. Novaljas Parks und Plätze sind jeden Morgen verdreckt vom Abfall der Nacht, die Musikbeschallung vertreibt normale Feriengäste. Inzwischen formiert sich der Widerstand der Novaljer Bürger – aber es ist wohl zu spät.

Restaurant
Apples & Carrots €
Für den kleinen, schnellen vegetarischen oder auch veganen Hunger wickelt ein junges Team köstliche Wraps, presst frische Obstsäfte und mixt Smoothies.
- Ulica Zrinsko-Frankopanska 15
  Novalja | Tel. 091 555 82 39

Nightlife
Aquarius
Gast-DJs, Bars, Hip-Hop- und Elektro-Festivals sorgen am Strand für Vergnügen rund um die Uhr.
- Zrće Beach | Novalja
  www.aquarius.hr

Kalypso
Schicke Strandliegen und -schirme tagsüber, DJs und mehrere Dancefloors nachts. Das Kalypso ist ein eher exquisiter Klub.
- Zrće Beach | Novalja
  www.kalypso-zrce.com

Nationalpark Plitvice SPECIAL

SPECIAL
Zauberreich der Seen und Kaskaden

Eines der faszinierendsten Naturschutzgebiete Kroatiens, der **Nationalpark Plitvice** 4 ⭐ [D1], liegt ca. 100 km von der Küste bei Karlobag [B2] landeinwärts. Für die Fahrt durch das pittoreske Velebit-Gebirge sollte man mit dem Auto etwa 2 Std. veranschlagen.

16 durch Kaskaden verbundene Seen setzen türkisfarbene und tiefblaue Kleckse in die dicht bewaldete Landschaft des Kapela-Gebirges. Im oberen Bereich haben die Wasser Dolomitgestein, im unteren Kalkstein ausgehöhlt und geformt und an den Übergängen Travertinbarrieren aufgebaut. Der Artenreichtum in dem von der UNESCO zum Welterbe erklärten Paradies ist phänomenal: Über 1200 Pflanzen-, 162 Vogel- und 50 Säugetierarten, darunter der Braunbär, leben im Park. Rund 18 km Wanderwege führen an den Seen entlang und durch die urwaldartigen Buchen- und Tannenwälder. Um alles zu erkunden, braucht man ca. 6 Std.; die meisten kürzen den Weg mit einer Fahrt im Panoramazug und einer Schiffspassage über den Kozjak-See ab.

Da zahlreiche Reisegruppen den Nationalpark ansteuern, ist es sinnvoll, möglichst früh zu starten, den Weg an den **Oberen Seen** (Gornja jezera, Anfahrt mit dem Panoramazug) zu beginnen und allmählich bergab in Richtung der **Unteren Seen** (Donja jezera) zu wandern.

Hinweise zur Unterkunft, Gastronomie usw. auf der Webseite der Parkverwaltung. Baden verboten!
- **Nacionalni park Plitvička jezera**
Tel. 053 75 10 15
www.np-plitvicka-jezera.hr
Tgl. 8–18 Uhr; Erw. 55–180 Kn, Kinder 7–18 Jahre 35–80 Kn (je nach Saison)

Im Nationalpark Plitvice wurde u. a. der »Schatz im Silbersee« von Karl May gedreht

Norddalmatien Insel Pag

Karte S. 53

Halbinsel Lun 5 [B1]

Die Halbinsel Lun, ein teils nur 1 km breiter und 18 km langer Felsfinger, ist berühmt für ihre knorrigen Olivenbäume, von denen einige über 1200 Jahre alt sein sollen. Windgebeugte Bäume, Fels, Macchia und frei weidende Schafe verleihen der Landschaft einen archaischen Zauber › **Tour 2 S. 50**.

Hotel

Luna Island Hotel €€
Das Hotel liegt etwas isoliert, dafür aber ruhig auf der Halbinsel Lun und bietet mit Restaurant, Bars, Pool und modernen Zimmern Rundumkomfort.
- Jakišnica 289A | 53294 Lun
  Tel. 053 65 47 00
  http://lunaislandhotel.com

Zadar 6 ⭐ [C3]

Die Stadt (75 000 Einw.) zählt zu den größten an der kroatischen Küste. Die Altstadt auf einer gut zum Festland gesicherten Halbinsel präsentiert sich architektonisch sehr heterogen. Als bedeutender Hafen erlebte Zadar im Zweiten Weltkrieg schwere Bombardements, sodass in den 1950er-Jahren ein kompletter Abriss des historischen Zentrums und der Bau einer neuen Stadt geplant war; glücklicherweise war diese »Vision« nicht finanzierbar. Die Kriegslücken füllte man mit modernistischer Architektur.

Seit der illyrischen Zeit besiedelt, bewahrt Zadar Spuren der römischen, kroatischen, venezianischen und Habsburger Herrschaft. Das historische Erbe kontrastiert mit zeitgenössischen Kunstinstallationen wie der »Meeresorgel« und dem »Gruß an die Sonne«, die Zadar weit über Kroatiens Grenzen hinaus bekannt gemacht haben.

Von der Foša in die Altstadt

Foša A heißt das rechteckige Hafenbecken am Übergang von den neuen Stadtvierteln zum Altstadtbereich (Stari grad), das im Nordosten eine hübsche Parkanlage säumt. Ihr gegenüber bewacht die gut erhaltene, von Venezianern errichtete Festungsmauer den Zugang zur Stadt. Diesen gewährt das imposante dreibogige Barocktor **Kopnena vrata** B von Michele Sanmicheli (1543). Hinter dem Tor bezaubert rechts der **Trg pet bunara** C, der Platz der fünf Brunnen, mit seiner unterirdischen Zisterne und den fünf darauf gesetzten Becken. Venedig ließ das Wasserreservoir im 15. Jh. anlegen, damit die Stadt türkischen Belagerungen besser standhalten konnte. Eine wieder aufgerichtete Säule und durch eine Glasplatte geschützte Hausfundamente unter Bodenniveau erlauben einen Blick auf die römische Vergangenheit. In der Kirche **Sv. Šime** D wenige Schritte weiter ist ein wunderbar gearbeiteter, silberner Sarkophag zu bewundern, 1381 für die Reliquien des Kirchenpatrons, des hl. Simeon, gestiftet (Trg Petra Zoranića 7, Mai–Okt. tgl. 8.30–12, 17–19 Uhr).

Etwas weiter nach Norden zeigt das **Muzej antičkog stakla** E eine bedeutende Sammlung römischer

Karte S. 63

Zadar **Norddalmatien**

Zadars römisches Forum mit der Kirche Sv. Donat und dem Turm der Kathedrale Sv. Stošija

Glaswaren aus dem gesamten dalmatinischen Raum. Die schönsten Exponate können Besucher im angeschlossenen Museumsladen als Duplikate erwerben (Poljana Zemaljskog odbora 1, www.mas-zadar.hr, Okt.–Mai Mo–Sa 9–16, Sommer tgl. 9–21 Uhr).

Narodni trg ❻

Eine Renaissance-Stadtwache aus dem 16. Jh., die frühromanische Kirche Sv. Lovro (11. Jh.), **deren Mauerreste im Café Lovre zu besichtigen sind**, und die ebenfalls im 16. Jh. auf älteren Fundamenten wieder aufgebaute **Loggia** rahmen den lebhaften Platz mit seinen Straßencafés. Von ihm führt die »breite Gasse«, **Široka ulica** ❼, zum Forumsplatz. Sie ist die Hauptbummel- und -einkaufsstraße Zadars und erlitt im Krieg schwere Bombenschäden. Die modernistische Häuserzeile ihr entlang entwarfen namhafte kroatische Architekten in den 1960er-Jahren; die Häuser gelten heute als bedeutendes Zeugnis dieser Bauepoche.

Rund ums Forum ❽

Zadars römisches Forum, **Poljana pape Ivana II.**, ist der größte erhaltene römische Stadtplatz der östlichen Adria. Die antiken Säulenreste und Fundamente dienen heute Citybummlern als Sitzgelegenheiten im Schatten der frühchristlichen Kirche **Sv. Donat** ❾, die im 9. Jh. in einer Mischung byzantinischer und karolingischer Architekturelemente als 26 m hohe Rotunde erbaut wurde. Die säkularisierte Donatuskirche dient als Veranstaltungsort für Konzerte und die »Musikalischen Abende in Sv. Donat«. Im Inneren sind römische Steinfragmente und frühchristliche Reliefs erhalten (April, Mai, Okt. tgl. 9–17, Juni 9–21, Juli, Aug. 9–22 Uhr). Gleich daneben schließt die Kathedrale **Sv. Stošija** ❿ architekturstilistisch mit romanischen und gotischen Bauelementen an. Ihre im 14. Jh. vollendete Fassade zeigt typisch lombardische, von Blendbögen strukturierte Wechsellagen, eine zierliche romanische sowie eine gotische Rosette und beidseits des Hauptportals Skulpturen von Löwe und Stier als Symbole der Evangelisten Markus und Lukas. Unter den reich dekorierten Altären im Inneren ist v. a. der Anastasia geweihte (9. Jh.) mit den Reliquien der Heiligen interessant (Trg Sv. Stošije, Sommer Mo-Fr 8-14, 17-19, Sa, So 8-12, sonst Mo-Fr 8-12, 18-19, Sa, So 8-12 Uhr).

Nur Basis und erste Etage des 56 m hohen **Campanile** stammen aus dem 15. Jh.; den Rest vollendete ein englischer Architekt Mitte des 19. Jhs. Von oben eröffnet sich ein ❗ schöner Rundblick über Altstadt und Inseln (Juni-Sept. Mo-Sa 9-22, April, Mai, Okt. 10-17 Uhr)

Zu dem historischen Ensemble mag die moderne Fassade des **Archäologischen Museums** Ⓚ (Arheološki muzej Zadar) an der Südseite des Platzes gar nicht passen, doch man sollte es unbedingt besuchen, denn seine Exponate aus den frühen Jahrhunderten Zadars sind imposant. Insbesondere die römischen, byzantinischen und altkroatischen Steinfragmente beleuchten die hohe Kunstfertigkeit dieser Epochen (Trg opatice Čike 1, www.amzd.hr, Nov. bis März, Mo-Fr 9-14, Sa 9-13, April, Mai, Okt. Mo-Sa 9-15, Juni, Sept. tgl. 9-21, Juli, Aug. tgl. 9-22 Uhr).

Wenige Schritte an der Madijevaca ulica nach Süden, birgt das Kloster der Benediktinerinnen ❗ eine einzigartige Sammlung sakraler Kunstgegenstände und kostbar geschmückter Reliquien, **Zlato i srebro Zadra** (Silber und Gold von Zadar, Trg opatice Čike 1, Tel. 023 25 04 96, Sommer Mo-Sa 10-13, 17-19, So 10-13, Winter Mo-Sa 10-12.30, 17 bis 18.30, So 10-12.30 Uhr).

Meeresorgel und Gruß an die Sonne

Der von der Insel Murter gebürtige Architekt Nikola Bašić entwarf für das ehemalige Hafengelände an der Nordwestecke der Altstadt zwei ebenso faszinierende wie ungewöhnliche Kunstinstallationen: Die Meeresorgel **Morske orgulje** Ⓛ besteht aus Treppenstufen, die von der Riva ins Meer führen und unter denen Plastikröhren mit Pfeifen verborgen sind. Wenn das Wasser eindringt, entstehen dabei, je nach Wellengang, leise, klagende Töne. **50 Dinge** ② › S. 12.

Pozdrav suncu Ⓜ, der Sonnengruß, funktioniert nur nachts, denn es handelt sich um eine in den Boden eingelassene Scheibe aus Solarzellen, die beim Betreten aufleuchten und ❗ ein fantastisches Farbenspiel produzieren.

Info
TZ Zadar
- Mihovila Klaića 1 | 23000 Zadar
  Tel. 023 31 61 66 | www.zadar.travel

Hotels
Bastion €€€
Die ehemalige Bastion empfängt als schickes Altstadthotel mit elegantem Restaurant seine Gäste.

Karte S. 63

Zadar **Norddalmatien**

- Ul. Bedemi zadarskih pobuna 13
Zadar | Tel. 023 49 49 50
www.hotel-bastion.hr

Villa Hrešć €€
Das komfortable Haus mit Pool und Sonnenterrasse an der Uferpromenade unweit des Jachthafens vermietet hübsch eingerichtete Apartments und Zimmer.
- Obala kneza Trpimira 28
Zadar
Tel. 023 33 75 70
www.villa-hresc.hr

Boutique Hostel Forum €–€€
Im Herzen der Altstadt: 6-Bett-Zimmer oder Luxussuiten.
- Široka ulica 20 | Zadar
Tel. 023 25 07 05
http://hostelforumzadar.com

Restaurants
Foša €€€
Die romantischste Adresse für feine Fischküche am alten Hafen von Zadar.
- Kralja Dmitra Zvonomira 2 | Zadar
Tel. 023 31 44 21 | www.fosa.hr

Zadar
0   150 m

Ⓐ Foša
Ⓑ Kopnena vrata
Ⓒ Trg pet bunara
Ⓓ Sv. Šime
Ⓔ Muzej antičkog stakla
Ⓕ Narodni trg
Ⓖ Široka ulica
Ⓗ Forum
Ⓘ Sv. Donat
Ⓙ Sv. Stošija
Ⓚ Archäologisches Museum
Ⓛ Morske orgulje (Meeresorgel)
Ⓜ Pozdrav suncu (Gruß an die Sonne)

Norddalmatien   Zadar

Bruschetta €€
Das nette Lokal an der Meerespromenade bereichert die Vorspeisenauswahl durch fantasievoll belegte Bruschette.
- Mihovila Pavlinovića 12 | Zadar
  Tel. 023 31 29 15
  www.bruschetta.hr

Zadar-Jadera €€
Hervorragende Fischgerichte im Restaurant hinter der Kathedrale.
- Ul. Brne Karnarutića 4 | Zadar
  Tel. 023 25 18 59
  www.restorani-zadar.hr

Gricko €
Der Abstecher von der Altstadt nach Norden lohnt sich, denn hier werden die besten Čevapčići von Zadar gegrillt und in einem Brötchen, *lepinja*, serviert.
- Ul. Dr. Franje Tuđmana 54 | Zadar
  Tel. 023 30 50 87

Nightlife
Café-Bar Bizarre
Jeden Freitag Livemusik, häufig von dalmatinischen *klapa*-Musikern › **S. 40**.
- Ul. dalmatinskog sabora | Zadar

The Garden
Zadars legendäre Disko und Nightclub gehört zwei ehemaligen Mitgliedern der britischen Reggae-Band UB 40.
- Ul. Bedemi zadarskih pobuna | Zadar
  Tel. 023 25 06 31
  www.watchthegardengrow.eu

Famous Bar
Die rustikale Beach Bar ist der neue Hotspot für die lokale Jugend.
- Majstora Radovana 7 (im Hotelkomplex Falkensteiner) | Zadar
  Tel. 023 63 62 23

Lloyd
Die Bar an der Kathedrale ist tagsüber wie nachts ein beliebter Treffpunkt der etwas älteren Generation. Abends sehr romantisch.
- Trg Sv. Stošije | Zadar
  Tel. 023 25 08 51

Shopping
Crolicious
Spezialitäten aus Dalmatien wie Olivenöl, Wein, Naturkosmetik und Maraschinolikör aus Zadar.
- Vladimira Papafave 1 | Zadar
  Tel. 091 358 17 71

Guliver
Schuhe, Taschen und tolle Accessoires aus kroatischer Produktion.
- Široka ul. 10 | Zadar
  Tel. 24 04 45 | www.guliver.hr

Tržnica Zadar
Zadars Markt ist völlig untouristisch, ein Alltagsmarkt, zu dem auch die eine oder andere Bäuerin mit selbst gebranntem Schnaps oder eigener Marmelade anreist. Unbedingt die Fischhalle besuchen!
- Ul. pod bedemom | Zadar
  Mo–Sa 6–13 Uhr

Aktivitäten
Hauptklettergebiet im Paklenica-Nationalpark › **S. 65** ist **Anića Kuk,** 45 Min. Fußmarsch vom Parkplatz. An der 350 m hohen, nach NW gerichteten Felswand locken über 100 Routen.

Ausflüge von Zadar
Nin   [C3]
Eine Brücke führt vom Festland 17 km nordwestlich von Zadar in

Ausflüge von Zadar **Norddalmatien**

den historischen Kern dieses uralten, bereits von den Illyrern besiedelten Ortes. Die flachen Wasser der Lagune von Nin boten Römern und frühen Christen Schutz; heute zählen ihre Sandstrände zu den bevorzugten Touristenzielen. Die winzige Kirche **Sv. Križa** aus dem 9. Jh. diente einer Reihe von altkroatischen Königen als Krönungskapelle; mit ihr ist auch Bischof **Grgur Ninski** verbunden, der im 10. Jh. als Bischof von Nin gegen den Papst opponierte und auf einer eigenen, kroatischen Liturgie bestand. Sein Denkmal vor der Pfarrkirche Sv. Anselm stammt von dem berühmten kroatischen Bildhauer Ivan Meštrović › S. 90.

Seit römischer Zeit wird in der Lagune Salz gewonnen; das Museum der Saline **Muzej soli Nin** präsentiert die traditionellen Arbeitstechniken und -gerätschaften und erzählt die Geschichte der Salzgewinnung (Ilirska cesta 7, Nin, Tel. 023 26 40 21, www.solananin.hr, Mitte Juni–Mitte Sept. tgl. 8–22, sonst Mo–Fr 7–15 Uhr). **50 Dinge** ㉞ › S. 16.

Info
TZ Nin
- Trg braće Radića 3 | 23232 Nin
  Tel. 023 26 52 47 | www.nin.hr

Restaurant
Branimir €€
Auf der Terrasse der Konoba sitzen Sie mit Blick auf die Kirche Sv. Križa von Nin. Gute Grill- und Fischküche.
- Višeslavov trg | Nin
  Tel. 023 26 48 66

Paklenica-Schluchten 8 ⭐ [C2–3]

Auf knapp 150 km Länge und bis zu 30 km landeinwärts greifend, begleitet das schroffe **Velebit-Gebirge** die Küstenlinie. Höchster Gipfel der steil aus der See ansteigenden Berge ist der Vaganski vrh (1757 m). Zwei Nationalparks (Nördlicher Velebit, Paklenica) bewahren die besondere Natur dieses an endemischer Flora reichen Gebiets. Besonders interessant ist der **Nacionalni park Paklenica** mit den beiden Schluchten **Mala** und **Velika Paklenica** und seinen bei Freeclimbern hochgeschätzten Kletterfelsen und -wänden. Er steht seit 1949 unter Naturschutz, um die letzten noch in Dalmatien verbliebenen Waldgebiete mit Schwarzkie-

Das Velebit-Gebirge gleicht einer Mondlandschaft

Norddalmatien Ausflüge von Zadar

fern und Buchen vor der Abholzung zu bewahren.

Mit über 400 **Kletterrouten** der Schwierigkeitsgrade 3–8b und dank der Nähe zum Meer zählen die Paklenica-Schluchten zu den beliebtesten Kletterrevieren Europas; man kann hier aber auch herrlich auf über 150 km gut markierten Wegen wandern. Einen ersten Eindruck vermittelt der rund 500 m lange **Paklarić-Wanderweg,** der links der Rezeption beginnt und durch Wald und vorbei an einer Mühle und einem ehemaligen Fort zu einem 121 m hoch gelegenen Aussichtspunkt führt. Beliebt ist auch die halbstündige Wanderung zur kleinen Tropfsteinhöhle **Manita peć** (April, Mai, Juni, Okt. Mo, Mi, Sa, Juli–Sept. tgl. 10–13 Uhr).

Ausgangspunkt für Besuche des Nationalparks ist der am Meer gelegene Ferienort **Starigrad-Paklenica**.

Info

Nacionalni park Paklenica
Die Parkrezeption ist tgl. von Sonnenauf- bis -untergang geöffnet.
- Dr. Franje Tuđmana 14a
  23244 Starigrad-Paklenica
  Tel. 023 36 98 03
  www.np-paklenica.hr

Hotel

Bluesun Hotel Alan €€
All-inclusive-Hotel mit großem Pool und schönem Strand. Hier lassen sich Badeurlaub und Wanderungen verbinden.
- Dr. Franje Tuđmana 14
  Starigrad-Paklenica
  Tel. 023 20 90 50
  www.hotel-alan.hr

Inseln im Zadarer Archipel

Rund 300 Inseln und Inselchen trennen Zadar und die Küste vom offenen Meer. Zu den 18 bewohnten gehören große Eilande wie Dugi otok, Ugljan und Pašman und winzige wie Ist, Molat oder **Iž** 9 [C3], auf denen noch einige hundert Menschen zumeist von Fischfang und der Vermietung von Apartments und Zimmern an Touristen leben. Fähren verbinden die Inseln meist nur einmal am Tag mit Zadar. Wer einen völlig unaufgeregten, ruhigen Urlaubsort sucht, ist hier richtig. Das einzige Hotel auf der Insel Iž hat sich einem ganzheitlichen Urlaubskonzept verschrieben, zu dem u. a. eine rein vegetarische Küche gehört (Hotel Korinjak, 23284 Veli Iž, Tel. 023 27 70 67, www.korinjak.com, €€). **50 Dinge** ④ › S. 12.

Ein Hauch von Bohème-Flair zeichnet **Silba** 10 [B2] aus. Das bei Kreativen beliebte Eiland besitzt eine Kunstgalerie mit Skulpturen der von der Insel stammenden Bildhauerin Marija Ujević-Galetović. Die Sand- und Kiesstrände wie Šotorišće bei Silba oder die Bucht Pocukmarak an der Südküste sind selten überfüllt. Abends trifft man sich zu Drinks und Loungemusik im Café del Mar oder zu einer Jazzsession im Caffe Bar Mik.

Dugi otok [B3–C4]

Wie Pag gleicht auch die »lange Insel« Dugi otok einem schmalen Felsband vor der adriatischen Küs-

Karte S. 53

Inseln im Zadarer Archipel **Norddalmatien**

Eine Seltenheit an der dalmatinischen Küste: Sand

te. 45 km lang und an der breitesten Stelle 4 km messend, bildet sie eine natürliche Barriere für von Westen kommende Winde und Strömungen, deren Wirkung die östlich davor gelagerten Inseln Ugljan und Pašman verstärken. Dugi otoks südliches Ende um die Telašćica-Bucht steht als Naturpark unter strengem Schutz. **50 Dinge** ⑤ › **S. 12**. An ihn schließt direkt der Kornaten-Archipel › **S. 68** an, ein Paradies für Segler und Bootsfahrer. Von Zadar aus erreicht man Dugi otok per Katamaran (nach Božava und Brbinj) oder Autofähre (nach Brbinj).

Božava 11, Hafenort im Nordosten, ist wegen seines weitgehend modernen Ortsbilds keine romantische Schönheit, aber guter Ausgangspunkt für die Erkundung umliegender Buchten und Strände. Mit der **plaža Sakarun** 6 km nach Westen besitzt Dugi otok einen der wenigen Strände der Region, bei denen der ❗ Feinkies stellenweise in richtigen Sand übergeht. Im kleinen Hafen von **Veli rat** fühlt man sich dann beinahe am Ende der Welt. Und am von windgebeugten Kiefern eingerahmten **Leuchtturm Punta Bianca** am nordöstlichen Inselende, scheint es dann wirklich erreicht. Übrigens können Sie hier ein Apartment mieten › **S. 68**

Božavas Pendant im Südosten und zugleich Inselhauptstadt ist **Sali** 12 (700 Einw.) an einer schmalen, tief eingeschnittenen Bucht. In Salis Umgebung, auf dem **Saljsko polje,** wachsen die ältesten Olivenbäume der Insel – manche meinen, griechische Kolonisten hätten sie vor über 2000 Jahren gepflanzt. Von Sali 5 km nach Westen, eröffnet der **Naturpark Telašćica** 13 einzigartige Perspektiven und Ausblicke auf die norddalmatinische Inselwelt. Dugi otok bildet hier an seinem südöstlichen Ende zwei schmale Arme, zwischen denen die 9 km tiefe und bis 2 km breite Telašćica-Bucht Booten geschütztes Ankern ermmöglicht. Vom Parkplatz am tiefsten Punkt der Bucht, wo mehrere Bars und Restaurants Gäste bewirten, geht es nur zu Fuß oder per Rad weiter. Rund 5 km nach Südosten sind es durch aromatisch duftende Macchia zum **See Mir,** dessen Salzkonzentration doppelt so hoch ist wie die des Meeres. In einer halben Stunde kann man ihn bequem umrunden und den ein oder anderen Abstecher ans Meer unternehmen.

Spektakulär ist der rund 10-minütige Aufstieg auf die **Klippen Stene,** die entlang der Südwestküste nahezu senkrecht bis zu 200 m hoch aus dem Meer ragen und sich bis zu 90 m tief unter Wasser fortsetzen. ❗ Von der Krone blickt man auf das Archipel der Kornaten im Südosten, über die Bucht und auf die verschiedensten in dieser Felsmauer brütenden Vögel – darunter Wander- und Eleonorenfalken.

Info

TZ Dugi otok
- Obala Petra Lorinja | 23281 Sali
  Tel. 023 37 70 94
  www.dugiotok.hr

Hotels

Auf den Inseln wählt man am besten eine Ferienwohnung.

Hotel Luka €€
Einfaches Mittelklassehotel im Dörfchen Luka, aber hübsche Lage am Meer.
- Luka bb | Tel. 023 37 21 14
  www.hotelluka.hr

Hotel Sali €€
Das Mittelklassehotel in der Nachbarbucht des Städtchens Sali, eine der wenigen Hoteloptionen auf Dugi otok, liegt in einem Pinienhain mit Felsstrand.

- Sali IV/32 | Sali
  Tel. 023 37 70 49
  www.hotel-sali.hr

Leuchtturm Punta Bianca €€
Freundlich eingerichtete Apartments im Leuchtturm; ❗ einzige Gesellschaft: der Leuchtturmwärter.
- 23287 Veli rat | Tel. 021 39 06 09
  www.lighthouses-croatia.com

Restaurants

Taverna Goro €€€
Das Essen im rustikalen Wirtshaus an der Bucht ist sehr gut.
- Telašćica-Bucht | Tel. 098 85 34 34
  www.tavernagoro.com

Amarcord €€
Lässige Beach Bar mit kleiner Snackkarte; trotz der legeren Stimmung und Ausstattung mit Blechtellern und Plastikbechern nach den Preisen fragen!
- plaža Sakarun | 23287 Veli rat
  Tel. 091 161 48 22

Spageritimo €€
Hübsche Lage, freundliche Bedienung und gute Fisch- und Fleischküche.
- 23281 Sali (an der Hafenmole)
  Tel. 023 37 72 27

Kornati 14 [C4–5]

Der Kornaten-Archipel mit – je nach Einordnung – 125 bis 150 Inseln und Riffen erstreckt sich südöstlich von Dugi otok bis etwa auf die Höhe der Stadt Šibenik und steht zum Teil als Nationalpark unter Naturschutz. **50 Dinge** ① › S. 12. Wie Walbuckel erheben sich die teils völlig vegetationslosen, flachen Inselchen aus dem Meer. **50 Dinge**

Inseln im Zadarer Archipel **Norddalmatien**

(21) › S. 14. Auf wenigen, größeren Eilanden betreiben die Bauern vom Festland Landwirtschaft – Olivenhaine und Weinreben sind z.B. noch auf Smokvica oder Žakan zu sehen –, und auf einigen Inseln weiden Schafe. Das Wasser für Vieh und Kulturen stammt aus Zisternen. Die namensgebende Insel **Kornat** ist mit 32 km² die größte der Kornaten, die Insel Murter der Verwaltungsort. Veranstalter auf **Murter** 15 und in **Biograd na moru** bieten Ausflüge in die Inselwelt an; wer selbst ein Boot steuert, fährt in ein Paradies mit einsamen Robinson-Buchten (kostenpflichtige Zufahrtsbestimmungen beachten!). Auf einigen Inseln versorgen im Sommer geöffnete Konobas die Besucher.

Die Kornaten aus der Vogelperspektive

flug passiert man das Kliff Kolobučar, hält fürs Mittagessen in Vrulje auf der Insel Kornat und legt Badestopps ein.
- Rudina 17 | 22243 Murter
  Tel. 022 43 54 47
  http://coronata.hr

Infos
TZ Murter/Kornati
- Rudina bb | 22243 Murter
  Tel. 022 43 49 95 | www.tzo-murter.hr

Kornati Nacionalni park
- Butina 2 | Murter | Tel. 022 435740
  www.np-kornati.hr

Restaurant
Fešta €€€
Ein Fest für Freunde von Fisch und Meeresfrüchten – so frisch und aromatisch gewürzt und gegrillt kommen sie selten auf den Tisch.
- Insel Žut | Tel. 022 347 35 19
  http://zut.hr

Aktivitäten
Coronata
Schiffsausflüge in den Kornaten-Archipel ab und bis Murter. Beim Ganztagesaus-

Ugljan 16 [B3–C3] und Pašman 17 [C3–4]

Die beiden zwischen Küste und Dugi otok gelagerten Inseln sind sehr ungleiche Schwestern. Ugljan ist mit 7500 Einw. dicht besiedelt – viele Zadarer besitzen hier Ferienhäuser –, während das etwas größere Pašman (3000 Einw.) sehr ländlich und herb wirkt.

Hauptort **Ugljans** ist das beschauliche und friedliche **Preko**. In rund 40 Minuten steigt man auf den Berg **Sv. Mihovil,** wo sich das Panorama des Zadarer Archipels und der Kornaten entfaltet. Auch ein Besuch des Klosters **Franjevački samostan** ist lohnenswert. Ein Boot setzt in der Saison zu der vorgelagerten Insel über, auf der seit dem 15. Jh. Fratres in stiller Versenkung leben. Bei einer Rundfahrt über die Insel be-

Norddalmatien Inseln im Zadarer Archipel Karte S. 53

staunt man winzige Hafenorte, kleine Buchten, v. a. aber die üppigen Gärten und bestellten Felder.

Eine Brücke verbindet die Insel mit dem Eiland **Pašman,** dessen Hauptort **Tkon** im Südosten keine besonderen Reize besitzt. Etwas außerhalb gelegen, bietet das Benediktinerkloster **Sv. Kuzma i Damjan** vom 500 m hohen Hügel ❗ einen fantastischen Ausguck über Inseln und Küste. Der seit dem 12. Jh. bestehende Konvent wartet mit einem eleganten romanischen Kreuzgang auf (Juni–Sept. Mo–Sa 16–18 Uhr).

Wer, teils auf Schotterstraßen, zum südöstlichen Inselende fährt, sieht piniengesäumte Felsbuchten und glasklares Meer.

Info
TZ Ugljan
- Šimuna Kožičića Benje 17
  23275 Ugljan | Insel Ugljan
  Tel. 023 28 80 11 | www.ugljan.hr

Restaurants
Konoba Ugljan €€
Eine neue Adresse in der Ortsmitte mit hübscher Terrasse und zahlreichen Peka-Gerichten.
- Put tabele 2 | Ugljan
  Insel Ugljan | Tel. 099 702 66 19
  www.konobaugljan.com

Mulo €€
Frischer Wind auch auf Pašman: Im Mulo ist alles ein bisschen appetitlicher angerichtet, wird freundlicher serviert und schmeckt exzellent.
- Trg Mulina 8
  23212 Tkon | Insel Pašman
  Tel. 099 201 23 23

Šibenik 18 ⭐ [D4]

Die Hafenstadt (35 000 Einw.) an der Mündung des Flusses Krka in die Adria steht etwas im Schatten der berühmteren Rivalinnen Dubrovnik oder Split. Dabei wäre allein schon ihre fantastische, von der UNESCO zum Welterbe erklärte Kathedrale einen Besuch wert. Auch die lebhafte Uferpromenade und die verwinkelte Altstadt halten viele sehenswerte Ecken bereit. Im Gegensatz zu den meisten großen Küsten- und Inselstädten Dalmatiens besitzt Šibenik keine antiken Wurzeln. Der kroatische König Krešimir IV. hat es im 10. Jh. gegründet, 1412 geriet es unter venezianische Herrschaft.

Kathedrale Sv. Jakov Ⓐ

Architekt der etwas erhöht über der Uferpromenade thronenden Kathedrale des heiligen Jakob war Juraj Dalmatinac, *der* Renaissancebaumeister im östlichen Teil der Adria. Nachdem sie 1431 zunächst einen anderen beauftragt hatten, riefen die Stadtherren 1441 den aus Zadar stammenden Dalmatinac zu Hilfe, da ihnen der Bau nicht gefiel. Der konzipierte das Gotteshaus neu und entwickelte revolutionäre Techniken – so verwendete er ausschließlich Stein und setzte die Platten für das Tonnengewölbe und die Kuppel ohne Mörtel zusammen. Nach Dalmatinacs Tod übernahm sein Gehilfe Nikola Fiorentinac. Erst 1555 erhielt die Kathedrale die Weihe.

Bereits von außen wirkt Sv. Jakov dank des hellen Steins außerge-

Karte S. 72

Šibenik **Norddalmatien**

Der Klostergarten des Samostan Sv. Lovre in der Altstadt von Šibenik

wöhnlich, und die eigenwilligen Porträtköpfe an den Apsiden des Gotteshauses tun ein Übriges, diesen Eindruck zu verstärken. 71 prominente Šibeniker Bürger soll Dalmatinac mit diesem **Schmuckfries** verewigt haben, einen jeden mit individuellen Gesichtszügen. Im Kontrast dazu steht das **Portal**, das der Meister vom Vorgänger übernahm, mit den beiden flankierenden Figuren von Adam und Eva noch ganz der Gotik verpflichtet. Schräg gegenüber blickt Dalmatinacs Denkmal, von Ivan Meštrović gestaltet, auf sein Werk. Im Inneren erstrahlt die Kirche im eleganten Glanz der Renaissance. Im **Baptisterium** kann man die ineinander greifenden Platten der Kuppel über dem Taufbecken bewundern, die Engel und Putten bevölkern. Von oben blickt Gottvater auf das Taufgeschehen (Narodni trg, Juni–Aug. 9.30–19.30, April, Mai, Sept., Okt. 9.30–18.30, sonst nur zur Messe um 9.30 und 18 Uhr). **50 Dinge** ㉒ › S. 14.

Altstadt

Vor der Erkundung der Altstadt lohnt ein Blick auf das ehemalige Rathaus **Gradska vjećnica** und die **Loggia** Ⓑ, beide im 15. Jh. errichtet. Eine Treppe führt hinter dem **Dalmatinac-Denkmal** hinauf und durch einen Torbogen und eine überwölbte Gasse, von der aus man links die im 15. Jh. ebenfalls von Dalmatinac erbaute und mit vier Brunnen versehene städtische **Zisterne** Ⓒ sehen kann. Den schmalen Gassen und Treppen bergauf folgend, erreicht man die **Festung Sv. Mihovil** Ⓓ, von deren höchster Terrasse man einen wunderbaren Blick über die Altstadt hat (9–21 Uhr). Durch das Gassengewirr bergab lohnt an der Ul. Andrije Kačića Miošića, der Hauptgasse der Altstadt, ein Besuch des Klostergartens des **Samostan Sv. Lovre** Ⓔ (Sommer tgl. 8–23, Winter 9–16 Uhr). Dann lässt man sich durch die Altstadt treiben, vorbei an zahlreichen Palazzi im Stil der venezianischen Gotik.

Festung Barone ❻

Die im 17. Jh. auf einem 80 m hohen Hügel oberhalb Šibeniks erbaute **Tvrđava Barone** war Teil des Verteidigungssystems gegen die Türken und verfiel, als sie nicht mehr gebraucht wurde. Mit europäischen Mitteln renoviert, präsentiert sie sich heute als eine Kombination aus herrlichem Aussichtspunkt, multimedialem Projekt, Laden › **S. 73** und Gastronomie. Besucher, die eine Augmented-Reality-Brille ausleihen, erleben die Festung aus einer ganz neuen Perspektive (Put Vuka Mandušića 28, Tel. 091 497 55 47, www.barone.hr, Sommer tgl. 8–21 Uhr, im Winter eingeschränkt). **50 Dinge** ㉓ › **S. 14**.

Info
TZ Šibenik
- Ul. Fausta Vrančića 18
22000 Šibenik
Tel. 022 21 44 48
www.sibenik-tourism.hr

Šibenik
0   100 m

Ⓐ Sv. Jakov
Ⓑ Loggia
Ⓒ Zisterne
Ⓓ Festung Sv. Mihovil
Ⓔ Samostan Sv. Lovre
Ⓕ Festung Barone

Karte S. 72

Šibenik **Norddalmatien**

Unterkunft
Life Palace €€€
Das elegante Boutiquehotel ! residiert in einem Renaissancepalast im historischen Zentrum. Gutes Restaurant.
- Trg šibenskih palih boraca 1
  Šibenik | Tel. 022 21 90 05
  www.hotel-lifepalace.hr

Globo €
Das zentrumsnahe, schlichte Hostel bietet kostenloses WLAN.
- Sarajevska 2 | Šibenik
  Tel. 091 337 37 44
  www.hostel-globo.com

Restaurants
Pelegrini €€€
Als Mitglied der Spitzengastronomievereinigung Jeunes Restaurateurs versteht sich das Restaurant auf die feine Küche, die ! der junge Chef de Cuisine fantasievoll interpretiert. Ein Erlebnis!
- Jurja Dalmatinca 1 | Šibenik
  Tel. 022 21 37 01
  www.pelegrini.hr

Marineo €€
Das rustikale Restaurant in der Altstadt hat zwar nur eine kleine Karte, dafür sind die dalmatinischen Gerichte mit großer Sorgfalt zubereitet.
- Dobrić 1 | Šibenik
  Tel. 099 212 58 19
  www.marineo.net

Do-Ručak €
Vegetarisches Frühstück und Mittagessen zum Mitnehmen – verspeisen kann man es im nahen Krešimir Park.
- Ul. fra Stjepana Zlatovića 2 | Šibenik
  Tel. 095 198 92 19
  Sa, So geschl.

Nightlife
Azimut Club
Die Nummer eins für nächtliches Entertainment. Beste Stimmung!
- Obala palih omladinaca 2 | Šibenik
  www.facebook.com/Azimut.sibenik

Shopping
Galerija Juraj Dalmatinac
Die hübsche Galerie verkauft zeitgenössische Werke kroatischer Künstler, hochwertiges Schmuckdesign und Mode.
- Ul. don Krste Stošića 14 | Šibenik
  Tel. 098 288 79 91
  http://galerijajurajdalmatinac.com

Tvrđava Barone/Barone Shop
Der Besuch lohnt allein wegen der Ästhetik des Shops, der neben Wein und Olivenöl verschiedenste kroatische Produkte verkauft.
- Put Vuka Mandušića 28 | Šibenik
  Tel. 091 497 55 47 | www.barone.hr

Aktivitäten
Bungee-Jumping
Der Sprung von der Šibenik-Brücke über die Krka ist ein Erlebnis!
- Tel. 091 253 12 98
  www.bungee.com.hr
  Nur Juli, Aug. ab 10 Uhr

Sokolarski Centar
Primäre Aufgabe des Falknerzentrums ist die Pflege und Auswilderung verletzter Raubvögel. Besucher kommen in den Genuss von Flugvorführungen.
- Škugori bb
  22000 Dubrava bei Šibenik
  Tel. 022 33 01 16
  www.sibenik-tourism.hr/de/falkner-zentrum
  Sommer tgl. 9–19 Uhr

Ausflüge von Šibenik

Krka-Nationalpark 19 ⭐ [D4]

Kurz vor der Mündung in die Adria zeigt sich die Krka übermütig und hüpft von Stromschnelle zu Stromschnelle, ergießt sich über Kaskaden, bildet kleine Seen und baut Travertinhindernisse auf, die den Lauf immer wieder ändern.

Von seinem nördlichsten Punkt 3 km westlich der Stadt Knin begleitet der Nationalpark die Kapriolen der Krka bis nach Skradin, 18 km landeinwärts von Šibenik. Vom Eingang bei Lozovac aus ist die Hauptsehenswürdigkeit, der Wasserfall **Skradinski buk,** einfach erreicht. Der knapp 1 km lange Weg dahin führt bergab und über Brücken und Stege zum Fluss, wo Besucher unterhalb des Wasserfalls baden dürfen (sonst im Nationalpark verboten). Einige restaurierte Mühlen dienen als Souvenirshops oder Imbisse. Interessante Ziele sind auch die weiter flussaufwärts gelegene Klosterinsel **Visovac** mit einem Konvent aus dem 15. Jh. sowie der Wasserfall **Roški slap.** Beide erreicht man von Skradinski buk aus auf einer rund 3,5-stündigen Rundfahrt mit dem Schiff oder aber mit dem Auto zu den jeweiligen Nationalparkeingängen. Detaillierte Informationen zu Anfahrt, Öffnungszeiten und Eintrittspreisen finden sich auf der Homepage des Nationalparks (www.np-krka.hr).

Hotel

Vrata Krke €€
Das familiär geführte, eher einfache Hotel befindet sich direkt am Eingang zum Krka-Nationalpark.

Am tosenden Wasserfall Skradinski buk im Krka-Nationalpark zu baden ist unvergleichlich

Karte S. 53

Ausflüge von Šibenik **Norddalmatien**

- Lozovac 2e | 22221 Lozovac
  Tel. 022 77 80 92
  http://vrata-krke.hr

Restaurant
Konoba Vinko €€
Ein ländliches Gasthaus par excellence, nicht weit vom Nationalparkeingang Lozovac. Fast alles stammt von Erzeugern aus der Umgebung.
- Uz cesto 57 | 22221 Konjevrate
  Tel. 022 77 87 50
  www.konobavinko.hr

Vodice [20] [D4]
Der Badeort 11 km nördlich von Šibenik besitzt einen malerischen Ortskern, mehrere von modernen Hotels gesäumte Kiesstrände und eine Fülle sportlicher Aktivitäten. Der »blaue« Strand **Plava plaža** fällt besonders flach ins Meer ab und ist deshalb bei Familien beliebt. Wer dem Rummel entfliehen möchte, setzt über auf die **Insel Prvić** mit den Orten Prvić Luka und Šepurine sowie schönen Felsbuchten.

Hotels
Maestral €€
Das bezaubernde Hotel auf der Vodice vorgelagerten Insel Prvić hat auch ein gutes Restaurant.
- Rodina 1 | 22333 Prvić Luka
  Insel Prvić
  Tel. 022 44 83 00
  www.hotelmaestral.com

Villa Radin €€
Unter den an den Strand geklotzten Betonbauten nimmt sich das von Grün umgebene Haus wie ein Zwerg aus. Freundliche Gastgeber, Pool und Strand.

- Ul. Grgura Ninskog 10 | 22211 Vodice
  Tel. 022 44 04 15
  www.hotelvillaradin.com

Nightlife
Hookah Bar
Beach Bar an der Uferpromenade.
- Ljudevita gaja 2 | Vodice
  Tel. 091 557 42 37

Primošten [21] ⭐ [D5]
30 km von Šibenik auf der Uferstraße nach Süden sind es zu dem ungemein dekorativ auf einem mit dem Festland durch einen Damm verbundenen Inselchen gelegenen Ort. Im malerischen Gassengewirr bezaubern v. a. Stimmung und Atmosphäre – hier ein mit Blumen geschmückter Hinterhof, dort ein Torbogen, ein kleines Restaurant, eine bergauf mäandernde Kopfsteinpflastergasse. Hoch über Primošten wacht die im 15. Jh. erbaute Kirche **Sv. Juraj** über ihre Schäfchen und die vielen Feriengäste, die sich gegenüber an der Festlandsküste an den schönen Kiesstränden erholen.

Info
TZ Primošten
- Trg biskupa Josipa Arnerića 2
  22202 Primošten | Tel. 022 57 11 11
  www.tz-primosten.hr

Restaurant
Mediteran €€
Das ebenso schicke wie gemütliche Restaurant offeriert u. a. einen Fischerbrunch mit Anchovis, Oliven und Kapern.
- Put briga 13 | Primošten
  Tel. 098 44 59 45
  www.mediteran-primosten.hr

MITTEL-DALMATIEN

Kleine Inspiration

- **Sich Zeit nehmen für das Radovan-Portal** der Kathedrale von Trogir, einem biblischen Bilderbuch! › S. 84
- **Den Diokletianpalast in Split auf sich wirken lassen** bei einem Espresso im Café Luxor › S. 94
- **Die Makarska Riviera entdecken** mit dem Kajak › S. 98
- **Zum Kloster Blaca wandern** und das ländliche Brač erleben › S. 102
- **Ein mit Lavendel verfeinertes Dessert probieren** im Restaurant Jurin Podrum in Stari grad auf der Insel Hvar › S. 111

Karte S. 82

Tour 5–8 **Mitteldalmatien**

Im mittleren Teil Dalmatiens ist die besondere Stimmung der großen Inseln Brač, Hvar und Vis ebenso spannend wie jene im eleganten Trogir und im geschäftigen Split auf dem Festland.

Renaissancearchitektur und -kunst von den besten Steinmetzen und Bildhauern ihrer Epoche, Gourmeterlebnisse innovativer dalmatinischer Meisterköche, die vibrierende Atmosphäre der Märkte von Split, dazu weite Strandbuchten an der Makarska Riviera – das alles findet sich, dicht gedrängt, an der Festlandsküste Mitteldalmatiens zwischen der Hafenstadt Trogir und der Makarska Riviera.

Doch damit nicht genug: Drei Inseln, eine jede mit sehr eigenem Charakter und Charme, möchten entdeckt werden: Brač mit dem berühmtesten Strand Kroatiens, dem »Goldenen Horn«, und besten Bedingungen für Windsurfer; die vielgesichtige Insel Hvar, deren mondäne Schickimicki-Hauptstadt Stars und Sternchen aus aller Welt anzieht, während das bäuerliche Hinterland mit Lavendelfeldern, Weingärten und archaischen Dörfern das traditionelle Herz der Insel bewahrt. Und schließlich die Insel Vis mit ihren Traumbuchten und antiken Spuren, die ins 4. Jh. v. Chr. zurückreichen.

Fähren und Katamarane verbinden Inseln und Festland im steten Rhythmus, und doch kann es in der Hochsaison immer mal wieder zu längeren Wartezeiten bei der Einschiffung kommen.

Touren in der Region

Tour 5 Stadtspaziergang Split

Route: Diokletianpalast › Porta Aurea › Kunstgalerie › Nationaltheater › Maramontova ulica › Fischmarkt › Trg Republike › Hafen Matejuška › Veli Varoš › Marjan-Hügel › Riva

Karte: Seite 91
Länge/Dauer: 3 km, ohne Besichtigung ca. 2 Std.
Praktische Hinweise:
- Stabiles Schuhwerk und ggf. Sonnenschutz sind empfehlenswert.

Tour-Start:

Starten Sie den Spaziergang in **Split** 4 › **S. 88** am **Diokletianpalast** › **S. 89**. Durch die Podrumi › **S. 89** gelangen Sie ins Peristyl mit seinen römi-

Strand bei Brela an der nördlichen Makarska Riviera

Mitteldalmatien Tour 5: Stadtspaziergang Split Karte S. 91

Auf dem Fischmarkt in Split

schen Säulenreihen, besuchen die Kathedrale, das Baptisterium und bummeln vorbei an Boutiquen, Restaurants und Eisverkäufern durch schmale Gassen nach Norden auf die **Porta Aurea** A › S. 89 zu. Sie diente als prunkvolles Eingangstor in den Palast und war ausschließlich dem Kaiser und seinen Höflingen vorbehalten. Die Grünanlage dahinter wird durch die monumentale **Statue des Grgur Ninski** D › S. 89 beherrscht. Ein Blick zurück, und Sie sehen den am besten erhaltenen Teil der römischen Festungsmauer.

Die Ulica kralja Tomislava nach Westen passiert man die **Spliter Kunstgalerie** [c1] mit Werken ab dem 14. Jh., darunter sehenswerten zeitgenössischen Arbeiten kroatischer Künstler (Ul. kralja Tomislava 15, www.galum.hr, Sommer Di–So 10–21, Winter Di–Fr 10–18, Sa, So 10–14 Uhr). Schon bald kreuzt die **Marmontova ulica** [a1–2], Haupteinkaufs- und Bummelstraße von Split. Ein paar Schritte nach rechts, und Sie stehen vor einem dekorativen Zeugnis der Habsburger Herrschaft, dem 1893 erbauten Nationaltheater **Hrvatsko narodno kazalište** in strahlend-kaiserlichem Gelb.

Nun geht's zurück in Richtung Meer: Ecke Neretvanska ulica liegt links, am Geruch deutlich erkennbar, ❗ der Fischmarkt [a1]. Nach rechts gelangen Sie auf den monumentalen **Trg Republike** [a1–2], im Volksmund Prokurative genannt. Nicht zufällig erinnert er an den Markusplatz in Venedig. Der Spliter Bürgermeister Antonio Bajamonti ließ ihn Mitte des 19. Jhs. nach dessen Vorbild im Neorenaissancestil erbauen, um das italienische Erbe der Stadt zu feiern. An drei Seiten von Arkadenbögen umschlossen, öffnet er sich nach Süden hin dekorativ zum Meer. Eines der vielen Cafés hier oder an der **Riva** [a2], auf die der Platz führt, bietet Gelegenheit für eine erste Pause. Die Kavana Cakula gilt als eine der ersten Adressen (Obala hrvatskog narodnog preporoda 6, http://kavana-cakula.hr, €€). Danach ein Bummel zum **Hafen Matejuška** [a2–3], an dem heute noch Fischerboote liegen. Übrigens haben Sie von hier aus am Nachmittag eine hübsche Fotoperspektive auf Riva und Diokletianpalast.

Zurück am Trg Republike, biegen Sie westwärts in die **Ulica Šperun** ein und folgen ihrer Verlängerung, der **Senjska ulica,** stetig bergan durch den Stadtteil **Veli Varoš** [a1], in dem früher vor allem Fischer lebten. Scheuen Sie sich nicht, nach links oder rechts abzubiegen und die stillen Plätze sowie die Hinter- oder Innenhöfe der alten Steinhäuser zu erkunden. Auch hübsche Restau-

Tour 6: Canyon und Tal der Cetina **Mitteldalmatien**

rants wie etwa die Konoba Deep Shade sind zu entdecken – vielleicht reservieren Sie ja für den Abend (Senjska 18, Tel. 91 724 1678, www.solyntha.hr, €€).

Über flache Stufen immer höher steigend, erreichen Sie schließlich die berühmte Aussichtsplattform am Fuß des **Marjan-Hügels** › S. 92 mit dem Café Vidilica › S. 94. Split und die mitteldalmatinische Inselwelt liegen Ihnen zu Füßen. Über den direkten Treppenweg gelangen Sie von hier hinunter ins Stadtzentrum und zurück an die Riva.

 Durch Canyon und Tal der Cetina

Route: Omiš › Kaštil Slanica › Radmanove mlinice › Vukosavić › Zadvarje › Gornja Brela › Ruskamen › Omiš

Karte: Seite 82
Länge/Dauer: 55 km, mit Pausen ½ Tag
Praktische Hinweise:
• Wenn Sie an einer Raftingtour › S. 96 teilnehmen möchten, sollten Sie diese vorab buchen; Gelegenheiten, sich spontan anzuschließen, gibt es praktisch nicht.

Tour-Start:

In **Omiš** › S. 96 folgen Sie der Cetina am rechten Ufer flussaufwärts und passieren zunächst am Durchbruch des Flusses durch das Mosor-Gebirge mehrere Tunnel. Dann befinden Sie sich inmitten der faszinierend kargen Karstlandschaft. Der Fluss schlängelt sich gemächlich durch sein macchiabestandenes Felstal, und wer sich noch an die Winnetou-Filme der 1960er-Jahre erinnert, erlebt ein Déjà-vu.

Knapp 5 km weiter trifft man auf das erste Restaurant: Die Holzbänke und -tische des Restaurants **Kaštil Slanica** stehen etwas oberhalb der Cetina, die unter dem schattigen Gastgarten friedlich dahinplätschert (Tel. 021 86 17 83, www.radmanove-mlinice.hr, €€). 1 km weiter geht es nach links zum Fluss und zum Ausflugsrestaurant **Radmanove mlinice** › S. 96 hinunter, dem Endpunkt der Raftingtouren. Hier lassen sich tolle Aufnahmen des Canyons und der Rafter schießen, und auch das Essen ist empfehlenswert.

Die Straße mäandert nun in Serpentinen bergauf, man passiert ärmliche Dörfer, Felder und Weinpflanzungen und kann die Cetina hinter dem Bergrücken im Norden nur erahnen. Erst hinter dem Weiler **Vukosavić** [F5] nach ca. 10 km wendet sich die Straße wieder bergab dem Fluss zu, den sie nach knapp 4 km erreicht und ihm weiter nach Osten folgt. Die Cetina in ihrem tief eingeschnittenen und dicht bewaldeten Tal ist von der Straße aus aber kaum zu sehen. Stichpfade führen zu Einstiegsstellen für die Rafter.

Zentrum des Raftingsports ist das Städtchen **Zadvarje** [G5] hoch über dem Cetina-Tal, knapp 6,5 km weiter. Hier findet man auch zwei Aussichtspunkte: gleich am Ortseingang auf das hier noch breite,

Mitteldalmatien Tour 7: Aussichtsbalkon Sv. Jure

fruchtbare Cetina-Tal und etwa 300 m weiter nach links auf zwei Wasserfälle. Mehrere einfache Bistrots wie die Konoba Cetina oder das San sorgen fürs leibliche Wohl.

Anstatt auf gleichem Weg zurückzukehren, folgen Sie den Hinweisschildern **Gornja Brela** [G5] durch das Gebirge zurück an die Küste. Den Ort Gornja Brela nach 4 km passierend, wendet sich die Straße bergab dem Meer zu. Knapp 10 km ab Zadvarje ist man wieder an der Adria-Magistrale, der Sie 20 km zurück nach Omiš folgen.

Aussichtsbalkon Sv. Jure

> **Route:** Makarska › Planinski dom Vošac › Planinski dom pod Jurom › Planinski dom Vošac › Makarska
>
> **Karte:** Seite 82
> **Länge/Dauer:** 58 km mit dem Auto hin und zurück (ca. 2 Std.), jeweils 300 Höhenmeter Auf- und Abstieg (je ca. 1½ Std.), Gipfelauf- und abstieg (je ½ Std.)
> **Praktische Hinweise:**
> - Die Tour sollten Sie nur in der kühleren Vor- oder Nachsaison gehen.
> - Ausreichend Wasser, Verpflegung und Sonnenschutz mitnehmen!
> - Die mautpflichtige Bergstraße ist extrem ausgesetzt und schmal. Absolut sicheres Fahrkönnen ist Voraussetzung.
> - Sie können mit dem Auto auch bis zum Gipfel fahren, aber der letzte Abschnitt ist besonders eng.

Tour-Start:

In Makarska folgen Sie den Hinweisen »Sv. Jure/Biokovo«, verlassen den Ort nach Südosten und biegen nach knapp 5 km in Richtung **Kotišina** [G6] steil bergauf ab. Der Ort mit dem gleichnamigen **Botanischen Garten** › S. 99 ist 2 km weiter erreicht. Hier blühen im Frühjahr Schwertlilien, und im Herbst färben Alpenveilchen die Wiesen lila. Zurück an der Hauptstraße, geht es ca. 4 km weiter links zum Eingang des **Biokovo-Naturparks** [G6] (www.pp-biokovo.hr). Am Eingang ist Maut für die Benutzung der Straße zu entrichten (ca. 35 Kn).

Die folgenden 8 km erfordern höchste Aufmerksamkeit: Die Straße ist schmal und führt steil und in engen Serpentinen bergauf. Schon bald weicht der dichte Kiefernwald spärlicherem Bewuchs, und schließlich erreichen Sie den Aussichtspunkt **Staza** (897 m) mit der Konoba Vrata Biokova (Tel. 098 906 40 96) – hier ist die erste und letzte Möglichkeit für eine Einkehr auf dieser Tour sowie für einen grandiosen Rundblick. Auf den nun folgenden 10 km ist die Straße stellenweise breiter und führt über eine Art Hochebene nur mäßig ansteigend auf den Gipfel des **Vošac** (1422 m), vor dessen Hütte Sie das Auto abstellen und den Fußweg in Richtung Sv. Jure aufnehmen (km 31).

300 Höhenmeter haben Sie nun auf den folgenden knapp 5 km noch vor sich; es geht gemächlich über Fels und Macchia bergan, und nach etwa ½ Std. müssen Sie sich an der Kreuzung bei Babina Vrkla rechts

Tour 8: Auf der Insel Hvar **Mitteldalmatien**

Fantastischer Blick vom Sv. Jure auf die Makarska Riviera

halten. Nun führt der Pfad einige Male steil bergauf und bergab – nach 10 Min. trifft er auf die Bergstraße – und stets auf den **Sv. Jure** zu, dessen Berghütte eine halbe Stunde später erreicht ist.

Der Aufstieg zum Sv.-Jure-Gipfel (1762 m) ist extrem steil und bei Wind nicht zu empfehlen; wer etwas bequemer, dafür aber länger hinaufwandern will, wählt die Straße (+ 45 Min.). Auf gleichem Weg kehrt man zum Auto und nach Makarska zurück.

Karte: Seite 82
Länge/Dauer: 130 km, Tagestour Auto/Fähre
Praktische Hinweise:
- Anreise nach Hvar-Stadt mit der Autofähre von Split; Rückreise aufs Festland Sućuraj–Drvenik (www.jadrolinija.hr)
- Da die Route teils über unbefestigte Straßen führt, ist ein hochbeiniges Auto zu empfehlen.
- Badesachen nicht vergessen!

Auf der Insel Hvar

Route: Hvar-Stadt › **Brusje** › **Stari grad** › **Vrboska** › **Pitve** › **Zavala** › **Sv. Nedelja** › **Pitve** › **Humac** › **Sućuraj** › **Drvenik**

Tour-Start:

Abseits der mondänen Inselhauptstadt zeigt die Insel Hvar ein sehr ländliches und beschauliches Gesicht. Der Kontrast zwischen dem Startpunkt **Hvar-Stadt** 14 › S. 107 und dem rund 7 km nordöstlich gelegenen Dorf **Brusje** [F6] ist enorm: Eben noch umgeben von Luxusjachten und schicken Cafés, findet man sich nun inmitten von Lavendelfeldern wieder – Brusje ist Zentrum des Lavendelanbaus, und so gut wie jeder hier verkauft Produkte der aromatischen Pflanze.

Über eine mit Macchia bewachsene Hochebene und immer wieder mit Blick aufs Meer führt das Landsträßchen vorbei am Weiler Velo Grablje zum Aussichtspunkt **Vidikovac Levanda** [F6] 5 km weiter. Über die Bucht von Stari grad und deren zergliederte Küstenlinie reicht der fantastische Blick bis auf die Insel Brač. Im Südwesten dümpeln die Pakleni otoci und die Insel Vis im Blau der Adria. Das gleichnamige Restaurant ist ziemlich touristisch, kein Wunder bei diesem Panorama (Vordušće 1, Velo Grablje, Tel. 021 78 45 24, www.vidikovac.net, €€).

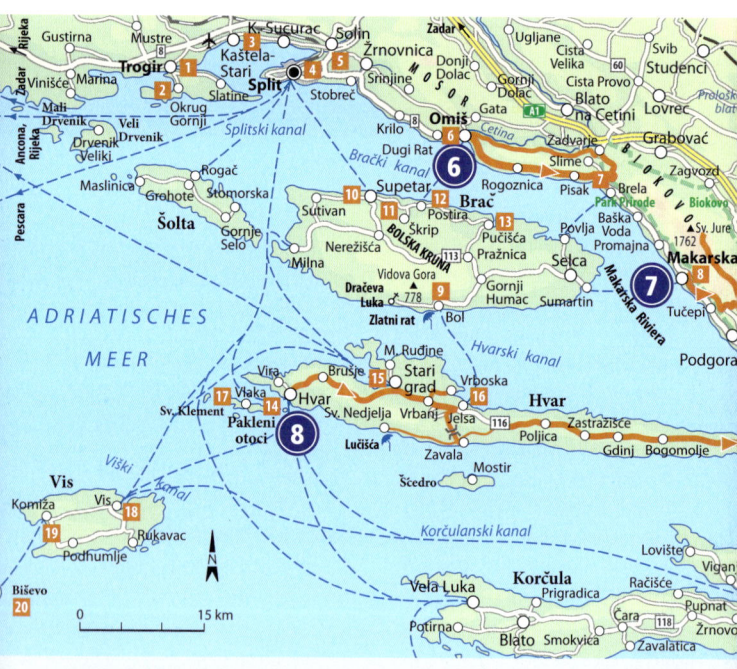

Touren in Mitteldalmatien

Tour 6
Durch Canyon und Tal der Cetina

Omiš › Kaštil Slanica › Radmanove mlinice › Vukosavić › Zadvarje › Gornja Brela › Ruskamen › Omiš

Tour 7
Aussichtsbalkon Sv. Jure

Makarska › Planinski dom Vošac › Planinski dom pod Jurom › Planinski dom Vošac › Makarska

Karte S. 82

Tour 8: Auf der Insel Hvar **Mitteldalmatien**

8 km weiter stoppen Sie nochmals für einen Stadtspaziergang durch **Stari grad** 15 › S. 110.

Durch **Starogradsko polje** › S. 112, auf Straßen, die dem antiken Katasterplan der griechischen Kolonisten folgen, geht es bei km 30 weiter nach **Vrboska** 16 › S. 112, wo sich den Nichtfahrern eine Weinprobe im Weinkeller Pinjata empfiehlt. Die Familie besitzt Weingärten auf dem Gebiet der antiken *chora* und pflegt den Anbau traditioneller Reben (Vrboska 456, Tel. 021 77 42 62, www.pinjata-vrboska.com). **50 Dinge** 15 › S. 13.

Nächstes Ziel ist das Dorf **Pitve** [F6] (6 km nach Südwesten), heute eher von Feriengästen als von Einheimischen bewohnt, aber mit seinen alten Steinhäusern und der Kirche das Paradebeispiel einer tra-

Tour 8

Auf der Insel Hvar

Hvar-Stadt › Brusje › Stari grad › Vrboska › Pitve › Zavala › Sv. Nedelja › Pitve › Humac › Sućuraj › Drvenik

ditionellen Siedlung. Hinter Pitve führt ein (sehr) schmaler, 1400 m langer Tunnel an die Südküste von Hvar. In Serpentinen geht es danach hinunter zum Hafenstädtchen **Zavala** [F6] (km 40), die vorgelagerte Insel Šćedro und dahinter den Inselrücken von Korčula im Blick.

10 km oberhalb der Küste sind es bis **Sveta Nedjelja** [F6], einem von Hvars berühmten Weinbauorten. Die unglaublich steilen, terrassierten Hänge bringen einen exzellenten Plavac mali hervor, den die Kellerei Zlatan otok mit Hingabe pflegt. Verkostungen im Showroom unten am Kai sollten telefonisch vereinbart werden (Put Stjepana Radića 3, Sveta Nedjelja, 21465 Jelsa, Tel. 021 745709, www.zlatanotok.hr).

3 km westlich lockt die Kiesbucht **Lučišća** mit ❗ karibischem Blau, gerahmt von Felswänden und verkrüppelten Kiefern.

Auf gleichem Weg zurück nach Zavala und durch den Tunnel nach Pitve geht's weiter in den Ostteil der Insel. Sie wählen die weniger befahrene, nicht asphaltierte Staubstraße, die südlich und etwa parallel zur Hauptroute D 116 quasi auf dem Inselkamm ins Dorf **Humac** [F6] führt (ca. 8 km) und erneut tolle Fernblicke gestattet. Nur der Duft der Macchiakräuter und das Zirpen der Zikaden sind Wegbegleiter. Die meisten Häuser in Humac sind verlassen, viele verfallen; nur eine Konoba versorgt im Sommer Durchreisende (Tel. 091 523 94 63, Juni bis Sept. mittags und abends, €€).

Den gesamten Ostteil der lang gezogenen Insel durchquert die Tour dann auf der gut ausgebauten D 116, auf der man – immer neue Aussichtspunkte und Dörfer passierend – nach weiteren 42 km den Fährhafen **Sućuraj** [G6] ansteuert. Von hier setzen Fähren nach **Drvenik** [G6] am südlichen Ende der Makarska Riviera › **S. 97** auf dem Festland über.

Unterwegs in der Region

Trogir ❶ ⭐ [E5]

Die im 3. Jh. v. Chr. gegründete Hafenstadt (13 000 Einw.) zählt nicht wegen eines einzelnen herausragenden Bauwerks, sondern wegen ihrer geschlossenen, seit der romanischen Epoche erhaltenen Architektur zum UNESCO-Weltkulturerbe. Bis ins 15. Jh. trotzte Trogir den Avancen Venedigs, geriet aber schließlich doch unter dessen Herrschaft.

Kathedrale Sv. Lovre

Mehrere Baumeister haben an diesem Glanzstück romano-gotischer Architektur zwischen dem 13. und 15. Jh. gearbeitet; in Erinnerung blieb besonders Meister Radovan, von dem das fantastische **Portal** mit reichem Steinmetzdekor stammt. Von 1240 an, das besagt seine Signatur im Tympanon, schmückte er den Kircheneingang mit über 100 Figuren, darunter Adam und Eva,

Karte S. 82

Trogir **Mitteldalmatien**

Das Portal der Kathedrale Sv. Lovre ist ein Bilderbuch des Mittelalters

die, nackt wie Gott sie schuf, das Portal links und rechts flankieren. Die beiden Löwen, auf denen sie heute stehen, fügte Venedig 200 Jahre später als Symbol seiner Herrschaft hinzu.

Im Inneren wartet ein ähnlich komplexes Meisterwerk, diesmal aus der Renaissance: die **Kapelle des hl. Ivan Ursini** von Nikola Fiorentinac und Andrija Aleši. Mehr als 160 Gesichter von Heiligen und Engeln blicken von dem komplett aus Stein gearbeiteten Monument dem Betrachter entgegen. Vor allem die Anzahl der Großplastiken ist für die Entstehungszeit gegen Ende des 15. Jhs. revolutionär.

Der 45 m hohe **Glockenturm** wurde erst im 17. Jh. fertig und kann über eine schwindelerregende Treppe bzw. Leiter erstiegen werden (Sommer Mo–Sa 8–20, So 12–18, Winter Mo–Sa 9–12 Uhr).

Altstadt

Rund um die Kathedrale am Platz Trg Ivana Pavla II lohnt ein Blick auf die Fassaden; vor allem der aus zwei Gebäuden bestehende **Ćipiko-Palast** bezaubert mit seinen Triforienfenstern im Stil der venezianischen Gotik, ebenfalls ein Werk von Andrija Aleši und Nikola Fiorentinac. Die **Loggia** aus dem 15. Jh. und der ehemalige **Rektorenpalast** (13. Jh.), heute das Rathaus, ergänzen das Ensemble.

Ein Besuch im nur wenige Schritte entfernten **Stadtmuseum** (Muzej grada Trogira) bringt die Geschichte der Stadt nahe und ermöglicht zugleich einen Blick in die Räume des Palasts Garagnin-Fanfogna, zwischen dem 12. und 17. Jh. errichtet bzw. ausgebaut (Gradska vrata 4, Juli, Aug. Mo–Sa 9–12, 18–21, Juni, Sept. Mo–Sa 9–12, 17 bis 20, Okt. bis Mai Mo–Fr 9–14 Uhr).

Im Kloster **Sv. Nikole** bewahren die Benediktinerinnen eine kleine Sammlung sakraler Kunst, zu deren herausragenden Exponaten das Marmorrelief des Gottes Kairos aus dem 3. Jh. v. Chr. gehört. Sehenswert sind auch Paolo Venezianos Gemälde der Muttergottes mit Kind aus dem 14. Jh. und der besinnliche Kreuzgang im Stil der venezianischen Gotik (Gradska vrata 2, Sommer Mo–Sa 8–12, 16–19 Uhr).

Festung Kamerlengo und Stadttore

Die Altstadt ist noch fast vollständig von einer teils aus dem 15. Jh. stammenden Mauer umschlossen; die Stadttore im Norden, Süden und Westen sind noch erhalten. Eine ebenfalls im 15. Jh. errichtete Festung bewacht die Hafenzufahrt; eine bei Bedarf zwischen Burg und Insel Ćiovo gespannte Kette sperrte den Hafen für ankommende Schiffe. Heute dient die Festung als Veranstaltungsort für Open-Air-Spektakel. Der Blick auf Altstadt und Hafen von ihren Mauern aus lohnt den Eintritt (Hrvatskog proljeća 1971 bb, Juni–Okt. tgl. 9–21 Uhr).

Insel Ćiovo

Eine Zugbrücke verbindet die Altstadt mit der rund 28 km² großen Insel mit Olivenhainen und einigen kleineren Ortschaften. Wegen ihrer hübschen Buchten und Strände ist sie als Badeziel beliebt. In der Nähe des Ortes **Okrug Gornji** 2 lockt beispielsweise der Strand **Copacabana** mit 2 km Feinkies und Sand.

Hotels

Tragos €€
Historisches Haus mit modernem Komfort und gutem Restaurant.
- Budislavićeva ul. 3 | 21220 Trogir
  Tel. 021 88 47 29 | www.tragos.hr

Villa Kaleta Rooms €€
Ein Haus aus dem 12. Jh. mit topmodernen Zimmern in der Altstadt. Kontakt über die Buchungsportale.
- Momarska 24a | Trogir
  Tel. 091 504 73 75

Villa Tudor €€
Die Pension liegt auf Ćiovo, der Altstadt gegenüber, und bietet Unterkunft in hübsch eingerichteten Zimmern eines historischen Hauses. Kontakt über die Buchungsportale.
- Obala kralja Zvonimira 12 | Trogir
  Tel. 021 88 50 71

Restaurants

Calebotta €€€
Das sehr schicke Lokal wartet mit entsprechender Küche auf.

Ansicht der Insel Ćiovo durch das südliche Stadttor von Trogir

- Gradska ul. 23 | Trogir
  Tel. 021 79 64 13
  http://calebotta.com

Konoba Trs €€€
Modern interpretierte, dalmatinische Küche, z. B. eine feine *paštičada* (Schmorbraten) vom Lamm. Hübsch speist man im Innenhof.
- Ul. Matje Gupca 14 | Trogir
  Tel. 021 796956
  http://konoba-trs.com

Capo €€
Das Familienrestaurant in der Altstadt überzeugt mit Traditionsküche. In der angeschlossenen Weinbar können Gäste dalmatinische Weine verkosten.
- Ribarska 11 | Trogir
  Tel. 021 88 53 34
  www.capo-trogir.com

Nightlife
In den Bars und Klubs entlang des Copacabana-Strandes auf Ćiovo › **S. 86** ist im Sommer immer etwas los.

Aktivitäten
Trogir Adventure & Kayak
Kajaktouren und Kajakverleih.
- Gradska 26 | Trogir
  Tel. 091 400 12 84
  www.trogir-kayak.com

Kaštelanska Riviera 3 [E5]

Die Küste zwischen Trogir und dem 16 km entfernten Split war als »Riviera der Kastelle« um die Wende vom 19. zum 20. Jh. eine beliebte Sommerfrische des k. u. k. Adels.

Der Strand Copacabana auf der Insel Ćiovo

Sie wäre ein überaus malerischer Landstrich, hätte die sozialistische Volksrepublik Jugoslawien nicht ausgerechnet hier mehrere Industrieanlagen, darunter ein Aluminiumwerk, errichtet, die, inzwischen teils aufgegeben, vor sich hin rotten und das malerische Bild empfindlich stören. Geschützt durch einen niedrigen Gebirgszug, ist das Hinterland sehr fruchtbar. Adelige aus Trogir und Split errichteten Sommervillen – viele auf vorgelagerten Inselchen. Villen und Küste sicherte man im 15./16. Jh. mit Mauern und Zugbrücken vor osmanischen Eroberungsgelüsten. Von den einst 13 Festungsanlagen sind heute noch sieben erhalten, um die herum sich Orte entwickelt haben.

Mittelpunkt ist die Siedlung **Kaštel Lukšić**, deren Kastell Vitturi nach langer Renovierung heute das Tourismusbüro von Kaštela sowie ein kleines Museum zur Geschichte der Region beherbergt (www.muzej-grada-kastela.hr, Juni–Sept. Mo bis Fr 9–20, Sa 18–21, So 9–13, sonst Mo, Mi 9–16, Di, Fr 9–19, Sa 9–13 Uhr). Errichtet wurde es 1487

Mitteldalmatien Ausflug nach Kaštela

von Jerolim und Nikola Vitturi im Übergangsstil von der Renaissance zum Barock. Auch ein hübscher Park gehört zum Anwesen.

Sehenswert sind auch **Kaštel Gomilica**, dessen Kastell im 16. Jh. auf einem Inselchen erbaut wurde **50 Dinge** ㉕ › S. 14, und **Kaštel Kambelovac**, von dem aber nur ein Festungsturm erhalten ist.

Info

TZ Kaštela
- Dvorac Vitturi | Brce 1
  21215 Kaštel Lukšić
  Tel. 021 22 79 33
  www.kastela-info.hr

Unterkunft

Hostel Oktarin €
Das moderne Hostel mit vier 6-Bett-Zimmern in Strandnähe besitzt auch einen kleinen Garten.
- Bilinski put 7 | 21215 Kaštel Štafilić
  Tel. 091 898 35 08
  http://hosteloktarin.com

Restaurants

Konoba Intrada €€
Die üblichen dalmatinischen Grillgerichte in hübscher Lage mit Blick aufs Meer.
- Obala kralja Tomislava
  21215 Kaštel Novi | Tel. 021 23 13 01
  www.konobaintrada.com

Krespo Bar €
Die Adresse für Schleckermäuler: Es gibt über 60 verschiedene Pfannkuchen und dazu einen überaus romantischen Blick aufs Meer.
- Ul. kneza Mislava 1
  21215 Kastel Štafilić
  Tel. 098 994 16 71

Split ❹ ⭐ [E5]

Kern der zweitgrößten Stadt Kroatiens (167 000 Einw.) ist der Palast eines römischen Kaisers! Im Luftbild ist das römische Siedlungsquadrat im Herzen der Altstadt, das zu dem von der UNESCO geschützten Weltkulturerbe gehört, noch deutlich zu erkennen. Split hat sich v. a. nach dem Zweiten Weltkrieg rasant und weit ins Hinterland ausgedehnt. Touristisch interessant ist neben dem Altstadtbereich der bewaldete Hügel Marjan mit seinen zahlreichen Spazierwegen.

Geschichte

Kaiser Diokletian gründete Split um das Jahr 300. Unweit der römischen Siedlung Salona errichtete er am Meer eine große Palastanlage, die mit Kasernen, Produktionsstätten und Tempeln zu einer kleinen Stadt heranwuchs. Im 7. Jh. zogen sich die vor Slawen und Awaren flüchtenden Bewohner Salonas in den Schutz dieses Anwesens zurück. Es war zu diesem Zeitpunkt bereits weitestgehend aufgegeben; die Neuankömmlinge erweckten es wieder zu Leben. Die bestehenden Bauten widmete man einfach um: den Jupitertempel zum Baptisterium, Diokletians Mausoleum zur Kathedrale.

In den folgenden Jahrhunderten erlebte Split politische Wechselbäder: Nach dem Ende des oströmischen Reiches gehörte es abwechselnd zum Territorium kroatischer Fürsten, zahlte Tribut an die Serenissima, wurde von Tataren sowie Osmanen belagert und geriet 1420

Karte
S. 91

Split **Mitteldalmatien**

Boote im Hafen vor Splits Glockenturm

schließlich endgültig unter venezianische Oberhoheit. Die Habsburger Herrschaft dauerte von 1813 bis 1918. Heute ist Split der wichtigste Hafen Kroatiens und Verkehrsknotenpunkt für Fährschiffe zu den dalmatinischen Inseln.

Diokletianpalast

Der in nur zehnjähriger Bauzeit 295 bis 305 als Altersruhesitz für Kaiser Diokletian errichtete Palast bildet mit 180 × 215 m ein 30 000 m² messendes und größtenteils von einer Festungsmauer gerahmtes Viereck, in das die noch heute erhaltenen Tore – **Porta Aurea** Ⓐ im Norden, **Porta Argenta** Ⓑ im Osten und **Porta Ferrea** Ⓒ im Westen – hineinführen. Vor der Porta Aurea, dem goldenen Tor, ermahnt die 10 m hohe **Statue des Grgur Ninski** Ⓓ mit erhobenem Zeigefinger die Passanten. Den Bischof von Nin, der im 10. Jh. für die Verwendung der kroatischen Sprache in der christlichen Lithurgie eintrat, hat Meister Ivan Meštrović › **S. 90** als entschlossenen Kämpfer dargestellt.

Zur Seeseite hin gewährte die **Porta Aenea** Ⓔ Zugang zum Kellerbereich der Anlage, den **Podrumi**. Hier sind die römischen Strukturen noch nahezu unverfälscht erhalten; zudem spiegeln die Podrumi, zur Erbauungszeit das Erdgeschoss des Palasts, den Grundriss des darüber gelegenen kaiserlichen Apartments. Besucher wandeln hier also quasi durch ein Abziehbild der Wohnräume Diokletians. Dass sich kaum etwas geändert hat, ist der mittelalterlichen Wegwerfgesellschaft zu danken. Alles, was sie nicht mehr benötigten, entsorgten die Bewohner der ehemaligen Palastanlage in diesen Gewölben, bis sie diese bis obenhin mit Müll angefüllt hatten. Erst 1956 machte man sich daran, die Podrumi vom Schutt zu befreien

Peristyl des Diokletianpalasts

(April, Mai tgl. 8.30–21, Juni–Sept. 8.30–22, Okt. Mo–Sa 8.30–21, Nov. bis März Mo–Sa 9–17, So 9 bis 14 Uhr).

SEITENBLICK

Monumentalität als Programm

Splits berühmtester Wahlbürger war der Bildhauer **Ivan Meštrović** (1883 bis 1962), der in den 1930er-Jahren einen Sommersitz auf dem Marjan-Hügel erwarb, um dort seine Arbeiten auszustellen. Schon wenige Jahre später emigrierte der Künstler in die USA und vermachte das Museum und seine Villa dem jugoslawischen Staat. Obwohl Meštrović überwiegend in den USA arbeitete, verehren ihn die Kroaten zutiefst. Seine Werke, die zwischen Wiener Sezession, Expressionismus und Moderne oszillieren, zeichnen sich häufig durch monumentale Ausmaße und christliche Symbolik aus. Die Statue des legendären Bischofs von Nin, Grgur Ninski, an der Spliter Porta Aurea beispielsweise › **S. 89** ist 10 m hoch!

Peristyl und Kathedrale Sv. Duje

Eine Treppe führt eine Etage hinauf in das ehemalige Peristyl, den Garten- oder Hofbereich des Palastes, an dessen Ostseite Diokletian sein Mausoleum errichten ließ. In den umliegenden Häusern sind noch die darin verbauten, früher das Peristyl rahmenden Säulen zu sehen. Eine einzige von ursprünglich 12 Sphingen, eigens aus Ägypten herangeschafft, ist noch erhalten. Das Mausoleum des Kaisers, der sich Zeit seines Lebens als Christenverfolger hervorgetan hatte, wandelten die aus Salona Geflüchteten in ein christliches Gotteshaus um, das sie dem unter Diokletian als Märtyrer getöteten Domnius weihten. Ein romanisches, von Andrija Buvina geschnitztes Portal führt in die **Kathedrale,** deren barocke Ausstattung die römischen Spuren – zwei Säulenreihen und ein Schmuckfries – beinahe überdeckt. Eine Kostbarkeit ist der von Juraj Dalmatinac geschaffene **Anastasia-Altar** mit dem Relief »Geißelung Christi« (Mo bis Sa 8–19, So 12.30–18.30 Uhr, das Ticket gilt auch für die angeschlossene Schatzkammer, den Glockenturm und den Jupitertempel).

Schräg gegenüber bietet das Café Luxor einen Logenplatz mit bestem Blick auf den Palast.

Jupitertempel/Baptisterium

Welcher Gottheit der Tempel westlich des Peristyls wirklich geweiht war, lässt sich heute nicht mehr feststellen. Er verwandelte sich in ein frühchristliches Baptisterium, wobei hier die römische Bausubstanz fast vollständig erhalten blieb: Schon allein die Kassettendecke aus dem 4. Jh. ist fantastisch! Das altkroatische Taufbecken stammt aus dem 12. Jh.; der hl. Johannes dahinter ist auf den ersten Blick als ein echter Meštrović › **S. 90** zu erkennen (Mo bis Sa 8.30–19, So 12.30–18.30 Uhr, falls geschlossen, in der Kathedrale nachfragen).

Paläste

Unter den Häusern im Diokletianpalast sind auch einige schöne Palazzi, so **Palača Agubio** mit einem hübschen Innenhof aus der Renaissance (Dioklecijanova ulica) oder die barocke **Palača Cindro** (Krešimirova ulica). In der vorbildlich restaurierten **Palača Papalić** aus dem 14./15. Jh. residiert das Stadtmuseum **Muzej grada Splita,** das Interessantes über die historische Entwicklung der Stadt zu erzählen weiß (Papalićeva 1, www.mgst.net, tgl. 8.30–21 Uhr).

Altstadt

Die westliche Porta Ferrea gibt den Weg frei vom Palastgelände in die ab dem 13. Jh. außerhalb der Mauern entstandenen Viertel der Altstadt. Rund um den **Narodni trg** F

hatten die verschiedenen Adelsfamilien und die Stadtverwaltung in eleganten Renaissancepalästen ihren Sitz. **50 Dinge** ⑫ › **S. 13**. Sehenswert ist der **Palast Ciprian** aus dem 14. Jh., noch gotisch geprägt ist das ehemalige Rathaus **Gradska vijećnica** ebenso wie der **Uhrturm** mit seinem 24-Stunden-Zifferblatt. Die Spliter nennen den Platz einfach *pjaca* – ihr beliebtester Treffpunkt in der Stadt.

Verlässt man den Diokletianpalast nach Osten durch die Porta Argentea, trifft man auf den ❗ lebhaften Obst-, Gemüse- und Souvenirmarkt, den **Stari Pazar** ❺.

Marjan-Hügel ❽

Die grüne Lunge der Stadt ist eine bewaldete Halbinsel, deren höchster Punkt auf 178 m einen schönen Rundblick über Stadt und vorgelagerte Inseln erlaubt. Auf Marjan haben viele wohlhabende Spliter ihre Villen, es gibt beliebte Strände und das sehr romantische Café Vidilica, in dem Sie sich unbedingt zum Sonnenuntergang einfinden sollten. Wer sich für ❗ die Kunst von Kroatiens berühmtestem Bildhauer interessiert, stattet der **Galerija Meštrović** einen Besuch ab. Der zeitweilige Sommersitz von Meštrović › **S. 90** wurde in den 1930er-Jahren nach Plänen des Meisters erbaut. Dass der Bildhauer auch Sinn fürs Feine hatte, davon kann man sich anhand von Kunstwerken wie der berührenden »Madonna mit Kind« (1917) überzeugen (Šetalište Ivana Meštrovića 46, www.mestrovic.hr, Mai–Sept. Di–So 9–19, Winter Di–Sa 9–16, So 10–15 Uhr).

Schräg gegenüber zeigt das von Meštrović 1939 erworbene alte Herrenhaus **Kaštilac** eine Ausstellung seiner sakralen Kunstwerke (Sommer wie Galerija geöffnet, Winter nur nach Voranmeldung).

Panoramablick auf Split vom Marjan-Hügel

Karte S. 91

Split **Mitteldalmatien**

Archäologisches Museum ❶

Das Museum im nördlichen Stadtgebiet, 15 Fußminuten vom Diokletianpalast, präsentiert spannende griechische und römische Funde aus Mitteldalmatien, so von den Inseln Hvar und Vis, v. a. aber aus Salona unweit Split. ❗ Die umfangreiche Ausstellung umfasst aber auch frühchristliche sowie altkroatische Exponate wie Steinfragmente, Waffen und Schmuck (Zrinsko-Frakopanska 25, www.armus.hr, Juni bis Sept. Mo–Sa 9–14, 16–20, Okt.–Mai Mo–Fr 9–14, 16–20, Sa 9–14 Uhr).

Info
TZG Split
- Obala Hrvatskog narodnog preporoda 9
  21000 Split
  Tel. 021 36 00 66
  www.visitsplit.com

Unterkunft
Marmont €€€
Modern und sehr schick eingerichtet, im Herzen der Altstadt gelegen und sehr aufmerksam geführt – ein angenehmes Haus, das allerdings seinen Preis hat.
- Zadarska ul. 13 | Split
  Tel. 021 30 80 60
  www.marmonthotel.com

Bellevue €€
Früher das erste Haus am Platz, aber das ist schon länger her. Dennoch: Die nostalgische Atmosphäre, die tolle Lage an der Riva, ein Hauch von Jugendstil und Erinnerungen an prominente Gäste wie Agatha Christie lassen die leicht ältlichen Zimmer vergessen.
- Ul. bana Josipa Jelačića 2 | Split
  Tel. 021 34 74 99
  http://hotel-bellevue-split.hr

Kastel €€
Die sympathische Pension direkt am Diokletianpalast ist modern und freundlich eingerichtet; gefrühstückt wird in einem Raum mit original römischen Mauerresten.
  Mihovilova širina 5 | Split
  Tel. 021 34 39 12
  www.kastelsplit.com

Peristil €€
Eine exzellente Lage oberhalb des Peristyls, nett eingerichtete Zimmer und ein gutes Restaurant sprechen für dieses, gemessen am Gebotenen, recht preiswerte Hotel.
- Poljana kraljice Jelene 5 | Split
  Tel. 021 32 90 70
  www.hotelperistil.com

Booze & Snooze €
Zentral gelegen und von einem Traveller-Team geführt, lässt das Hostel mit freundlich eingerichteten Mehrbettzimmern keine Wünsche offen.
- Narodni trg 8 | Split
  Tel. 021 34 27 87
  www.splithostel.com

Goli ± Bosi €
In dem ganz in Gelb und Weiß gehaltenen Designhostel wählen Gäste zwischen Mehrbettzimmer, »Schiffskabine« (ein winziges Zimmer) und einer Suite. Sehr schick und sehr angenehm. Dazu im Erdgeschoss die In-Pizzeria De Belly.
- Morpurgova poljana 2 | Split
  Tel. 021 51 09 99
  http://gollybossy.com

Mitteldalmatien Split

Karte
S. 91

Restaurants
Paradigma €€€
Eine der begehrtesten Restaurantadressen der Stadt; im Sommer speist man auf einer Terrasse über der Altstadt und genießt ❗ eine raffinierte, modern verfeinerte Mittelmeerküche.
- Ul. bana Josipa Jelačića 3 | Split
  Tel. 021 64 51 03
  www.restoranparadigma.hr

Café Luxor €€
Kultcafé und -restaurant im Peristyl des Diokletianpalasts › S. 90.
- Kraj Sv. Ivana 12 | Split
  Tel. 021 34 10 82
  www.luxor.hr

Galerija Food €€
Moderne vegetarische und vegane Küche in der Altstadt.
- Ul. Marka Vuškovića 9 | Split
  Tel. 098 939 54 18

Oštarija u Viđakovi €€
Die gemütliche Konoba unweit des Bačvice-Strands › S. 95 hat ein umfangreiches Angebot dalmatinischer Speisen; mittags kann man eine preiswerte *marenda,* ein Mittagsmenü, bestellen.
- Prilaz braće Kaliterna 8 | Split
  Tel. 021 48 91 06
  www.ostarijauvidjakovi.eu

Brasserie on 7 €–€€
An der Riva *die* Adresse: vom Frühstück ab 8 Uhr bis zum späten Cocktail. In den Speisen verbinden sich kroatische und französische Einflüsse.
- Obala Hrvatskog narodnog preporoda 7 | Split
  Tel. 021 27 82 33
  www.brasserieon7.com

Bepa €
Fastfood auf Kroatisch – von Burgern über Pfannkuchen und Omeletts bis zu Fish & Chips ist alles appetitlich und frisch zubereitet.
- Narodni trg 1 | Split
  Tel. 021 35 55 46
  www.bepa.hr

De Belly €
Stets voll, aber immer entspannt ist diese Pizzeria/Burgeria des Hostels Goli ± Bosi › S. 93. Auch vegetarische Gerichte und immer gute Stimmung.

Nightlife
Café Vidilica
Das Café auf dem Marjan-Hügel › S. 92 hat den ganzen Tag über geöffnet, aber am schönsten ist es hier zum Sonnenuntergang, ❗ der die Inseln in Gold taucht.
- Prilaz Vladimira Nazora 1 | Split
  Tel. 095 871 87 92

Figa
Tagsüber entspanntes Café mit leichten Gerichten, abends coole Bar-Lounge mit niedrigen Tischchen und Stühlen oder alternativ Kissen auf den Stufen der Seitengasse. Dazu am Wochenende DJs.
- Ul. Andrije Buvine 1 | Split
  Tel. 021 27 44 91

Fabrique Pub
Allein die Location, ein historischer Palazzo mit Industrial Design, ist den Besuch wert. Todschick eingerichtet, zieht dieses Pub die Jungen, Schönen und Reichen an. Die feiern und tanzen bis zum frühen Morgen.
- Trg Franje Tuđmana 3 | Split
  Tel. 098 175 12 71
  www.fgroup.hr

Ausflug nach Salona **Mitteldalmatien**

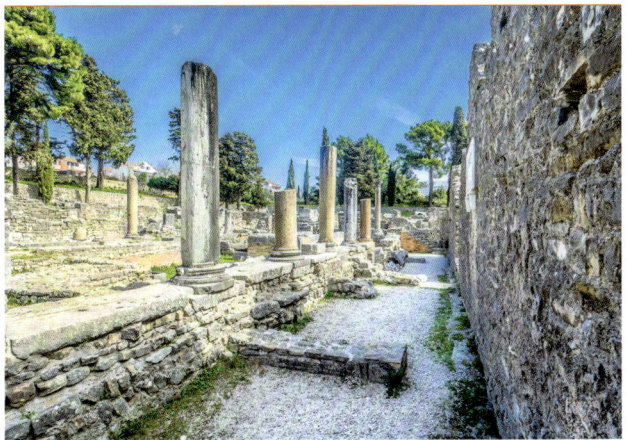

Die römischen Ruinen von Salona

Shopping

Podrumi

An den Verkaufsständen im Untergeschoss des Diokletianpalasts bekommen Sie Kunsthandwerk, Modeschmuck, Bücher, Postkarten und vieles mehr.

Studio Naranča

Der Spliter Künstler Pavo Majić präsentiert hier seine farbkräftigen Werke; für den kleinen Geldbeutel gibt es die originellen Arbeiten auch als Postkarten.
50 Dinge ㊴ › S. 16.
• Majstora Jurja 5 | Split
Tel. 021 34 41 18
http://studionaranca.com

Arterija

Hübscher Schmuck und Accessoires der Designerin Gorana Gulišija und anderer kroatischer Modemacher.
• Morpurgova poljana 1 | Split
Tel. 091 547 71 41

Strände

Beliebtester Stadtstrand in Split ist **Bačvice**, eine Viertelstunde Fußweg südöstlich der Altstadt (Put Firula).
50 Dinge ⑥ › S. 12. Auf der Marjan-Halbinsel reihen sich die Strände **Bene**, **Kašjuni** und **Kaštelet** aneinander, alle drei mit Feinkies, teilweise sogar Sand, und felsigen Abschnitten. Windsurfer finden an der plaža Kaštelet gute Windbedingungen.

Ausflug nach Salona 5 [F5]

Die Ruinen des römischen Salona befinden sich am Nordrand der Stadt Solin, rund 5 km nordöstlich von Split. Eine erste römische Niederlassung bestand bereits im Jahr 119 v. Chr.; auf Anordnung von Julius Caesar ließen sich hier 48 v. Chr. Veteranen nieder und gründeten die Stadt. Etwa 60 000 Einw. soll die Kolonie in der Ära Diokletians gehabt haben; im 6. Jh., unter byzantinischer Herrschaft, war sie ein Zentrum frühchristlicher Aktivitäten. Im 7./8. Jh. eroberten Slawen und Awaren Salona; die Bewohner flohen in den Palast Diokletians.

In der weitläufigen Ruinenstätte sind römische wie frühchristliche Bauten vereint. Ein Forum mit Kapitolstempel, ein Amphitheater und Thermen stehen frühchristlichen Basiliken und Grabstätten gegenüber. Ein kleines Museum erläutert Geschichte und Entwicklung der Stadt (Put starina bb, Manastirine, 21210 Solin, www.armus.hr, Mai bis Okt. Mo–Fr 7–19, Sa 9–19, So 9 bis 13, Winter Mo–Fr 9–15.30, Sa 9 bis 14 Uhr).

Omiš 6 [F5]

30 km südöstlich von Split mündet der Fluss Cetina ins Meer, nachdem er das Mosor-Küstengebirge in einer tiefen Schlucht durchschnitten hat. Eingerahmt von hohen Felswänden, durch den Fluss mit Süßwasser versorgt und mit einem geschützten Hafen gesegnet, entwickelte sich an der Flussmündung ab dem 8. Jh. das Städtchen Omiš zu einem gefürchteten Piratennest, das auch die venezianische Handelsschifffahrt bedrängte. Erst 1444 gelang es der Serenissima, Omiš zu unterwerfen.

Die Altstadt mit venezianisch geprägter Architektur erstreckt sich am südlichen Cetina-Ufer; ihr gegenüber reihen sich Neubauviertel und Hotels entlang des Kiesstrands. Zwei Festungsruinen – Mirabela und Starigrad – sind Zeugnisse der einstmals wehrhaften Stadt.

Hauptziel von Omiš ist die malerische **Cetina-Schlucht,** die man mit dem Auto › **Tour 6 S. 79** oder dem Schlauchboot erkunden kann. Raftingtouren bieten verschiedene Veranstalter in Omiš an. Beliebt ist im dicht bewaldeten Flusstal das Ausflugsrestaurant Radmanove mlinice › **unten** in einer alten Mühle, 6 km flussaufwärts.

Info

TZ Omiš
- Trg kneza Miroslava | 21310 Omiš
Tel. 021 86 13 50
www.visitomis.hr

Hotel

Damianii €€€
Klein und sehr elegant ist dieses Hotel direkt am Strand nördlich von Omiš. Pool, Bar und ein gutes Restaurant umsorgen die Gäste.
- Poljička cesta Golubinka 11a
Omiš | Tel. 021 73 55 57
www.hoteldamianii.hr

Restaurant

Radmanove mlinice €€
Im schattigen Grün an der Cetina gelegen. Spezialität (nur auf Vorbestellung) ist Lamm aus der Peka. Auch drei einfache Gästezimmer. **50 Dinge** (13) › **S. 13**.
- Kanjon rijeke Cetine | Omiš
Tel. 021 86 20 73
www.radmanove-mlinice.hr

Aktivitäten

Kentona Rafting
Raftingtouren auf der Cetina; Anmeldung online über die Homepage. Treffpunkt ist das In Caffe in Omiš (Cetinska cesta 32).
- Drage Ivaniševića 15 | Omiš
www.rafting-cetina.com

Karte S. 82

Makarska Riviera **Mitteldalmatien**

Makarska Riviera ⭐ [G6–H6]

Die rund 60 km lange Riviera um den Hauptort Makarska gilt als eine der schönsten Badedestinationen an der kroatischen Küste. Eingerahmt vom schroffen Biokovo-Gebirge und so vor klimatischen Kapriolen bewahrt, schmiegt sich zwischen Brela im Norden und Gradac im Süden eine Reihe von Hafenstädtchen in geschützte Buchten. Kiesstrände säumen die Küstenlinie; davor erheben sich die Silhouetten der großen Inseln Brač und Hvar wie majestätische Walrücken aus dem Meer. Die Region ist sehr fruchtbar: Obst- und Olivenbäume, Weinreben und Gemüsegärten sowie Pinienhaine verleihen ihr ein freundliches Gepräge. Hier zählen v. a. landschaftliche Schönheit und verschiedene Aktivitäten zu Wasser und zu Lande. Pauschalhotels sowie zahllose privat vermietete Ferienapartments bilden das Unterkunftsangebot der Riviera.

Brela 7 [G6]

Der nördlichste Ort der Riviera ist nicht ganz so überlaufen wie Makarska und auch etwas exklusiver. 6 km Feinkiesstrand sprechen natürlich auch hier v. a. Badeurlauber an. Die größte Sehenswürdigkeit ist der **kamen Brela**, Brela-Stein, ein mit Pinien bestandenes Felsriff, das den Strand von Punta dekoriert. Die Romantik dieses Küstenstrichs erlebt man am intensivsten ❗ bei einer Kajak-Sunset-Tour › **S. 98**.

Info

TZ Brela
- Trg Alojzija Stepinca bb | 21322 Brela Tel. 021 61 84 55 | www.brela.hr

Wahrzeichen der Stadt Brela ist der pinienbestandene Brela-Stein

Unterkunft

Platzhirsch in Brela sind die Hotels von Bluesun mit Pools, Animation und sportlichen Aktivitäten (www.bluesunhotels.com).

Abuela's Beach House €€
Die vier Apartments dieses fröhlichen, etwas erhöht über der Küste gelegenen Hauses sind eigenwillig und bunt eingerichtet und lassen die südamerikanische Herkunft der Gastgeber erkennen.
- Jardula 20 | Brela
  Tel. 091 155 50 44
  www.abuelasbeachhouse.com

Restaurant

Ivandića Dvori €€
Die rustikale Konoba oberhalb Brelas vermittelt authentisches dalmatinisches Landleben mit herzhaften Gerichten, oft begleitet von Livemusik.
- Banje 1 | Brela
  Tel. 021 61 84 07
  www.konoba-ivandicadvori.com

Aktivitäten

Kayak Brela
Unter den vielen angebotenen Kajakabenteuern dieses Veranstalters ist besonders die Sunset-Tour zu empfehlen.
- Frankopanska 27 | Brela
  Tel. 099 680 34 40
  www.kayak-brela.hr

Makarska 8 [G6]

Der namensgebende Hauptort der Riviera hat alte Wurzeln, doch präsentiert sich das Ortsbild um das kleine historische Zentrum weitgehend modern und geprägt von Hotelbauten. Besuchenswert ist das **Franziskanerkloster** mit dem im 14. Jh. erbauten Kreuzgang, einer kleinen Pinakothek, deren Mariengemälde von Pietro de Coster ist, und einer interessanten malakologischen Sammlung (Franjevački put 1, Juni–Sept. Mo–Sa 10–12, 17–19, sonst 10–12 Uhr). Am Hang oberhalb von Makarska präsentiert der

Noch herrscht friedliche Ruhe am Hafen von Makarska

Karte S. 82

Makarska Riviera **Mitteldalmatien**

Botanische Garten Kotišina ❗ die Vielfalt der Flora des Biokovo-Gebirges. Der Garten besteht aus 16 ha natürlichen Bewuchses und ist immer zugänglich. Anfahrt nach Kotišina › **Tour 7 S. 80**.

Info
TZ Makarska
- Obala kralja Tomislava 16
  21300 Makarska
  Tel. 021 61 20 02
  http://makarska-info.hr

Unterkunft
Milenij €€€
Von außen nicht gerade reizvoll, aber innen hübsch eingerichtet, aufmerksam geführt, direkt am Strand gelegen und v. a. mit nur 20 Zimmern sehr individuell.
- Put cvitačke 4a | Makarska
  Tel. 021 61 95 40
  www.hotel-milenij.com

Maritimo €€
Ruhig, aber nicht weit vom Zentrum gelegen, modern und schick eingerichtet und von sehr zuvorkommendem Personal geführt. Ein ideales Strandhotel.
- Put cvitačke 2a
  Makarska
  Tel. 021 61 99 00
  www.hotel-maritimo.hr

Hostel Yeti €
Zentraler als am Hauptplatz kann man nicht wohnen; freundliche Mehrbettzimmer, gute und saubere Sanitäranlagen, WLAN und ein üppiges Frühstück – was will man mehr?
- Dalmatinska 1 | Makarska
  Tel. 021 278767
  www.makarskahostel.com

Restaurants
Konoba Decima €€
Die rustikale Konoba in der »zweiten Reihe« hält die alten Rezepte der Großmutter in Ehren. Manchmal singt ein *klapa*-Chor **S. 40**.
- Trg Tina Ujevića | Makarska
  Tel. 021 61 13 74
  www.konoba-decima.com

Konoba Kalalarga €€
Abseits vom Rummel an der Riva treffen sich Gäste, die gern urig und traditionell dalmatinisch essen, z. B. die immer perfekte *pašticada* (Schmorbraten).
- Kalalarga 40 | Makarska
  Tel. 098 990 29 08

Salty Sweet €€
Eine Mischung aus schickem Restaurant, Streetfood-Kiosk und Eisdiele – jedes für sich mit guter Qualität.
- Put cvitačke 8a | Makarska
  Tel. 099 852 22 14

Nightlife
Deep Makarska
Beach Bar und Disko in einer Höhle direkt am Strand. Mit Partys und Lightshows macht das Deep Makarska die Nacht zum Tage.
- Šetalište fra Jure Radića 5a
  Makarska | http://deep.hr

Strände
Unter den Stränden im Stadtgebiet gilt die **plaža luka Deep** mit flach abfallendem Feinkies als besonders familiengerecht; allerdings ist hier abends der Bär los, wenn der Klub Deep seine Boxen aufdreht. FKK-Anhänger schätzen **Nugal** im Süden und die Badebuchten um den **Leuchtturm Sv. Peter**.

SPECIAL

Abstecher nach Mostar ★ [J6]

In den Ferienorten an der Makarska Riviera › **S. 97** bieten zahlreiche Veranstalter Tagesausflüge in das orientalische Mostar in Bosnien und Herzegowina an. Der Abstecher ins Landesinnere ist empfehlenswert, denn Mostar präsentiert, im Gegensatz zur venezianischen Küste, das osmanische Erbe auf dem Balkan. Wer lieber auf eigene Faust unterwegs ist, wählt entweder die landschaftlich schönere (aber schwierigere) Strecke von Baška Voda über Imotski [G5] nach Mostar (95 km) oder fährt auf der besser ausgebauten E 65 (121 km). Deutsche, Österreicher und Schweizer benötigen für den Grenzübertritt nach Bosnien und Herzegowina einen mind. noch drei Monate gültigen Personalausweis oder Reisepass, für den Pkw die Grüne Versicherungskarte.

Bitte beachten Sie die aktuellen Reise- und Sicherheitshinweise des Auswärtigen Amts unter www.auswaertiges-amt.de. Touristische Informationen fasst das Portal www.turizam.mostar.ba zusammen. Die Touristinformation in Mostar befindet sich unweit der Brücke am Beginn des Basar-Bezirks Kujundžiluk (Rade Bitange 5, Tel. 00387 36 58 02 75, Mai–Okt. 9–12 Uhr).

Mehr als 400 Jahre, von 1466 bis 1878, stand die Stadt an der Neretva (75 000 Einw.) unter osmanischer Herrschaft, war sogar zeitweise politischer und Verwaltungssitz der Herzegowina. In dieser Zeit entwickelte sich das orientalisch geprägte Stadtbild mit schmalen, mäandernden Gässchen, einem Basar-Bereich, Moscheen, Palästen und der berühmten einbogigen **Steinbrücke**

Mostar **SPECIAL**

über die Neretva, die 1566 eine Holzbrücke ersetzte. Im jugoslawischen Bürgerkrieg hatten kroatische Granaten den Flussübergang zerstört (2004 wiederaufgebaut). Die Brücke zählt, zusammen mit der Altstadt, zum UNESCO-Welterbe. Zahlreiche Cafés und Restaurants bieten im Umfeld dieser Sehenswürdigkeit Erfrischungen und den beliebten türkischen Mokka an – gute Standorte für einen Blick auf die Brücke und die im Sommer von ihrem 20 m hohen Bogen in den Fluss springenden Jugendlichen.

Von der Brücke aus sind im Norden Kuppel und Minarett der **Koski-Mehmed-Paša-Moschee** aus dem 17. Jh. zu erkennen (April–Sept. 8 bis 20, Okt. 9–17 Uhr). Sie ist im Inneren relativ schlicht, besitzt aber einen hübschen Innenhof mit kleinem Teehaus, und man darf das Minarett besteigen, das einen außerordentlichen Blick auf Flusstal und Stadt erlaubt. Ein Stück weiter nach Norden erfährt man im türkischen Haus **Biščevica Ćošak**, wie eine wohlhabende türkische Familie lebte und lebt; das Haus gehört den Nachkommen der Bauherren, die es 1635 errichteten. Innenhof, Brunnen, Küche, die Räume der Frauen und das Zimmer des Familienoberhaupts sind mit Originalmöbeln eingerichtet (Ul. Biščevića 13, April bis Okt. tgl. 8–19, sonst 9–15 Uhr).

Kujundžiluk heißt der alte Basar westlich der Brücke, der vom ehemaligen osmanischen Marktbereich noch erhalten ist. Heute eher eine Ansammlung kleiner Cafés und Restaurants sowie zahlloser Souvenirgeschäfte als ein quirliges Handelszentrum, vermittelt er mit seinen niedrigen Häuschen im osmanischen Stil und den schmalen Gassen doch etwas von der Atmosphäre früherer Jahrhunderte.

Wenige Schritte von der Touristinformation tauchen Besucher des **Hamam-Museum** (Hamam muzej) in die Atmosphäre eines türkischen Bades aus dem 16./17. Jh. ein (Rade Bitange, Di–So 10–18 Uhr).

Im Süden begrenzt den alten Basar ein Zufluss der Neretva, über den sich die »kleine Brücke«, **Kriva Ćuprija,** wölbt. Bereits 1558 errichtet, diente sie der »Steinernen« als Vorbild. Sie stürzte 1999 nach heftigen Überschwemmungen ein und wurde neu aufgebaut. Zwar nicht ganz so kühn geschwungen wie ihre berühmte Schwester, bietet sie dennoch ähnlich reizvolle Fotomotive – ganz ohne Besuchermassen.

In der Koski-Mehmed-Paša-Moschee

Insel Brač ⭐ [F6]

Zlatni rat, das »Goldene Horn«, ist zum Synonym für Dalmatiens größte Insel geworden, denn diese kleine Landzunge bei Bol an der Südküste von Brač vermittelt mit ihrem feinen, fast weißen Kiesdreieck im türkisblauen Meer tatsächlich Karibikgefühle. Früher stand Brač für etwas ähnlich Helles, aber weitaus Massiveres: den Bračer Marmor, wie man den auf der Insel gebrochenen Stein bereits in der Antike nannte. Er diente als Baumaterial für den Kaiserpalast in Split, schmückte Kathedralen wie jene in Trogir, wurde für das Weiße Haus in Washington geordert und für das Brandenburger Tor in Berlin. **50 Dinge** ㉝ › S. 16. Zwischen Steinbrüchen und Traumstränden besitzt Brač eine ländliche, stille Seite.

Bol 9 [F6]

Der Hauptbadeort an der Südküste am Fuß des Berges **Vidova gora** (778 m) profitiert von der nach Norden geschützten Lage – das Klima ist hier besonders mild. Vom alten Zentrum um den kleinen Hafen breiten sich Siedlungen und Hotelkomplexe nach Osten und Westen aus. Kiefernwäldchen spenden an den Stränden Schatten.

Die Hauptattraktion, **Zlatni rat**, ragt 3 km westlich von Bol als nahezu schattenlose Kieszunge ins Meer, zumindest was die äußerste Spitze angeht. ❗ Sie verändert ihre Form übrigens mit den Strömungen – mal zeigt sie nach Ost, dann wieder nach West. Mit Bol ist das »Goldene Horn« durch Taxi-Boote und eine Touristenbahn verbunden.

Historisch-kulturelle Sehenswürdigkeit in Bol ist das **Dominikanerkloster** (Dominikanski samostan) ca. 500 m östlich des Zentrums. Der im 11. Jh. gegründete Konvent beherbergt ein kleines Museum zur Geschichte Bols, in dem Besucher u. a. erfahren, dass bereits die Römer das »Goldene Horn« schätzten: Auf der Landzunge wurde eine römische Villa mit eigenem Pool ausgegraben (Juni–Okt. tgl. 10–12, 16 bis 19 Uhr). Neben dem Kloster ist die altkroatische Kirche **Sv. Ivan i Tudor** zu bewundern. Moderne kroatische Bildhauerei zeigt die **Galerija Branislav Dešković** in einem venezianischen Stadthaus am Hafen; der in Pučišća › S. 106 geborene Dešković (1883–1939) gestaltete expressive Skulpturen mit Tiermotiven, v. a. von Hunden, und arbeitete hauptsächlich in Bronze (Trg Sv. Petra 1., Mitte Juni–Mitte Sept. Di–So 9–12, 18–23, sonst Di–Sa 9–14 Uhr).

Der Besuch des knapp 10 km Luftlinie entfernten **Klosters Blaca** lässt sich mit einem angenehmen Spaziergang durch das ländliche Brač kombinieren. Per Boot (Taxi oder organisierte Exkursion) fährt man von Bol bis zur Anlegestelle unterhalb des Klosters in der Blaca-Bucht (ca. 1 Std.) und wandert dann etwa 30–45 Min. sanft bergauf bis zum etwa 250 m über dem Meer in den Fels gebauten Kloster. Im 16. Jh. von Eremiten gegründet, entwickelte es sich zu einem blühenden Gemeinwesen: 150 Bauern bestellten für die Mönche Felder, kelterten

Karte S. 82

Insel Brač **Mitteldalmatien**

Goldgelber Strand am türkisblauen Meer auf der Insel Brač: Zlatni rat – das »Goldene Horn«

Wein und betreiben Imkerei. Die Fratres unterrichteten die Kinder aus der Umgebung, sammelten kostbare Inkunabeln, und der letzte hier lebende Abt schaffte ein Teleskop an, mit dem er weltweit gewürdigte astronomische Beobachtungen machte. Heute vermittelt das Museum in den Klosterräumen einen anschaulichen Eindruck von der kulturellen wie wirtschaftlichen Bedeutung des Konvents.

Info
TZ Bol
- Porat bolskih pomoraca bb
  21420 Bol | Tel. 021 63 56 38
  www.bol.hr

Hotels
Bol €€€
Kleines Boutiquehotel oberhalb von Bol mit topmodisch gestaltetem Innen- und Außenbereich und feinem Restaurant. Shuttle-Service zu den Stränden.
- Hrvatskih domobrana 19 | Bol
  Tel. 021 635660
  www.hotel-bol.com

Bretanide Sport & Wellness Resort €€€
Strandhotel in der Nähe des »Goldenen Horns«, mit Sport- und Animationsprogramm, Wellnessangebot, Kid's Club u.v.m. Die Zimmer sind modern eingerichtet, die Verpflegung all-inclusive.
- Put Zlatnog rata 50 | Bol
  Tel. 021 74 01 40 | www.bretanide.hr

Restaurants
Mali Raj €€
Unweit des »Goldenen Horns« speist man im »kleinen Paradies« feine und aufmerksam präsentierte Gerichte mit Schwerpunkt Fisch und Meeresfrüchte.
- Put Zlatnog rata | Bol
  Tel. 098 75 69 22
  http://maliraj-bol.com

Ribarska kućica €€
Selten speist man so romantisch wie auf der oberen Terrasse der »Fischerhütte« mit ihrer tollen Lage über dem Kotina-Strand. Die von Fisch dominierte Karte führt v.a. traditionell dalmatinische Gerichte auf, z.B. die *buzara od školjaka*, Muscheln auf *buzara*-Art.

- Ante Strarčevića | Bol
  Tel. 021 63 50 33
  www.ribarska-kucica.com

Taverna Riva €€
Dalmatinische Küche direkt an der Riva. Zu den selten angebotenen Spezialitäten aus Brač zählen Kürbisgnocchi mit einer Sauce aus vier Käsesorten.
- Frane Radića 5 | Bol
  Tel. 021 63 52 36
  http://tavernariva-bol.com

Nightlife
Varadero
Tagsüber nette Strandbar, abends Disko und Lounge, teils mit Livemusik.
- Frane Radića 1 | Bol
  Tel. 091 233 34 71
  www.varadero-bol.com

Auro
Der Varadero-Ableger am Zlatni rat hat nur tagsüber geöffnet; die Beach Partys starten hier am späten Nachmittag.
- Put Zlatnog rata 19 | Bol
  Tel. 091 233 34 61 | www.auro-bol.com

Aktivitäten
YellowCat Kiteboarding
Bol ist berühmt für optimale Surfbedingungen. Wie wäre es mit Kiteboarding am »Goldenen Horn«?
- Zlatni rat | Bol
  Tel. 098 24 73 48
  http://en.zutimacak.hr

Supetar 10 [F6]

Der Fährhafen an der Nordküste ist verglichen mit dem quirligen Bol ein eher gemächlicher Urlaubsort. Zu sehen gibt es nicht viel außer dem dalmatinischen Alltag auf den Plätzen und dem Ein- und Auslaufen von Booten und Schiffen. Angenehm badet man am Strand **Vela plaža,** mit Blick auf die Festlandsküste. Hier befinden sich auch einige Hotels. Knapp 10 km landeinwärts nach Südwesten sind es ins Bildhauerdorf **Donji Humac,** wo die über Brač hinaus bekannte Steinmetzfamilie Jakšić den Inselmarmor inzwischen in vierter Generation zu faszinierenden Skulpturen formt (Tel. 021 64 78 56, www.drazen-jaksic.hr). **50 Dinge** (33) › S. 16.

Info
TZ Supetar
- Porat 1 | 21400 Supetar
  Tel. 021 63 05 51 | www.supetar.hr

Unterkunft
Osam €€€
Das Luxusresort am Jachthafen erfüllt höchste Ansprüche an Design und Komfort. Im Restaurant speisen die Gäste raffinierte Inselküche. **50 Dinge** (27) › S. 15.
- Vlačića 3 | Supetar | Tel. 021 55 23 33
  www.hotel-osam.com

Sentido Kaktus €€
Das Haus ist Teil eines großen Hotelkomplexes, aber etwas intimer als die großen »Kästen«. All-inclusive-Verpflegung, Animation, Mini-Klub, Sportangebot, freundlich eingerichtete Zimmer.
- Put vele luke 4 | Supetar
  Tel. 021 63 11 33
  www.sentidohotels.com

Hostel D&D €
Das modern und in fröhlichen Farben möblierte Hostel verfügt über DZ und

Karte S. 82

Insel Brač **Mitteldalmatien**

Mehrbettzimmer mit Gemeinschaftsbad und liegt im Herzen der Touristenzone.
- Put vele luke 17 | Supetar
  Tel. 098 34 47 90
  www.hostelbrac.com

Restaurants
Kaštil Gospodnetić €€
Die Konoba in einem ehemaligen Herrenhaus, 12 km landeinwärts von Supetar, ist bekannt für authentische Bračer Küche, allerdings auch für eigenwillige Öffnungszeiten.
- Dol bb | Supetar | Tel. 091 799 71 82
  www.konobadol.com

Konoba Kopačina €€
Das ländlich-rustikale Restaurant liegt etwas abseits der Straße von Supetar nach Bol. Familie Jugović versteht sich auf schnörkellose Traditionsgerichte wie Fleisch oder Fisch aus der Peka.
- Donji Humac | Supetar
  Tel. 021 64 77 07
  www.konoba-kopacina.com

Vila Punta €€
Oberhalb des Strandes speisen die Gäste auf einer luftigen Terrasse gute dalmatinische Küche ohne Chichi.
- Punta 1 | Supetar | Tel. 021 63 15 07
  www.vilapunta.com

Vinotoka €€
Die Besitzer waren früher selbst Fischer; heute lassen sie sich von den ehemaligen Kollegen beliefern. Aber auch Lamm aus der Peka (nach Voranmeldung) und verschiedene Fleischspieße vom Grill stehen auf dem Programm. **50 Dinge** ⑭ › S. 13.
- Jobova 6 | Supetar
  Tel. 021 63 09 69

Frauenskulptur von Petar Jakšić in Supetar

Nightlife
Beer Garden
Nicht nur Bierfans haben im »Biergarten« mit kleinem, schattigem Innenhof ein paar Schritte vom Strand ihren Spaß.
- Petra Jakšića 1 | Supetar
  Tel. 095 556 72 25

Day 'n' Nite
Tagsüber coole Beach Bar, nachts DJs, Liveacts und Party.
- Put vele luke 2 | Supetar
  Tel. 095 199 59 56

Aktivitäten
Fundiveclub
Erfahrene Tauchlehrer leiten die Kurse und führen zu den schönsten Tauchrevieren um Brač.
- Put vele luke 4 | Supetar
  Tel. 098 130 73 84
  http://fundiveclub.com

Rent a Robert's
Bikeverleih mit guten Rädern auch für anspruchsvollere Bergtouren. **50 Dinge** ⑨ › S. 13.
- Petra Jakšića 31 | Supetar
  www.rentaroberts.com

Škrip 11 [F6]

Der Ort beansprucht, das älteste Dorf der Insel zu sein – bereits die Illyrer hätten hier gesiedelt. Man fand Römisches und Byzantinisches, doch letztendlich bleibt das Bild einer eher verlassenen Streusiedlung traditioneller Steinhäuser mit einem malerischen Friedhof an der Kirche Sv. Duh. Das kleine Inselmuseum **Muzej otoka Brača**, in einem Anwesen, in dem noch illyrisches Mauerwerk und Reste eines römischen Mausoleums erhalten sind, zeigt archäologische Funde von der Bronze- bis zur Römerzeit und eine ethnografische Sammlung mit Arbeitsgerät und Trachten von der Insel (Pjaca 17, Tel. 021 63 70 92, Sommer tgl. 8–20 Uhr).

Postira 12 [F6]

Von dem an der Küstenstraße nach Osten gelegenen Hafenort lohnt ein Abstecher 3,5 km landeinwärts nach **Dol.** Das idyllische Steindorf wirkt museal, ist aber nach wie vor bewohnt und bietet mit seinen Steinhäusern, weinumrankten Terrassen und teils aus dem 11. Jh. stammenden Kirchen reizvolle Fotomotive.

Pučišća 13 [F6]

An einer tief eingeschnittenen Bucht im Osten der Insel liegt das weiße Städtchen – fast alle Häuser sind aus dem berühmten hellen Bračer Stein errichtet. Pučišća ist nicht nur als Ausfuhrhafen für das kostbare Material aus dem nahen **Steinbruch Veselje** bekannt, sondern auch als Sitz der renommierten **Steinmetzschule.** Eine angenehme, verschlafene Stimmung liegt über den am fjordartigen Wasserarm aufgereihten Häusern und den vor der Steinmetzschule ausgestellten Skulpturen. Die quirligen Badeorte der Insel erscheinen hier weit weg.

Shopping

Souvenirs aus Bračer Marmor wie kleine Skulpturen, Briefbeschwerer o. Ä. sind vielerorts im Angebot: an den Ständen um das Hafenbecken von Pučišća ! origineller und kunstvoller als anderswo.

Insel Hvar ⭐ [E6–G6]

Die schmale, 68 km lange Insel südlich von Brač hat zwei Gesichter: Das der vom echten und Möchtegern-Jetset belagerten Hafenstadt Hvar und das des herben, ländlichen Paradieses abseits der Küsten, in dem in der Sonne duftende Macchia, Lavendelfelder und das Zirpen der Zikaden eine friedliche Stimmung zaubern.

Hvar haben Griechen aus Paros kolonisiert, die im 4. Jh. v. Chr. auch die beiden größeren Städte Pharos (Stari grad) und Dimos (Hvar) gründeten. Ab 1420 hinterließ Venedig in der Architektur deutliche Spuren. Bereits 1870 reisten die ersten Feriengäste an. Die Karriere als Tummelplatz von Stars und Sternchen begann in den 2000er-Jahren. Seitdem kamen all die Beyoncés, Spielbergs und Abramowitschs dieser Welt mit Superjachten vorbei und ließen sich in Hvars dekorativen Altstadtgassen ablichten. Dass mit den Promis die Preise stiegen, versteht sich von selbst.

Insel Hvar **Mitteldalmatien**

Hvar-Stadt 14 [F6]

Das bezaubernde Stadtbild rund um das Hafenbecken hat sicher dazu beigetragen, dass der Ort so beliebt ist. Den lang gestreckten Hauptplatz **Trg Sv. Stjepana** säumt das venezianische **Arsenal** aus dem 17. Jh., in dem die Serenissima ihre Kriegsschiffe vor feindlichen Augen verbarg. In der Etage darüber wurde, ebenfalls im 17. Jh., ein **Theater** eingerichtet, angeblich das erste in Europa, das sowohl Adelige als auch das gemeine Volk aufsuchten. Zugänglich ist nur die kleine Terrasse davor, ein schöner Aussichtspunkt.

Der Platz, von den Einheimischen meist nur *pjaca* genannt, führt auf die **Kathedrale Sv. Stjepana** zu. Den eleganten Renaissancebau schmücken mehrere barocke Altäre mit Gemälden aus der Venezianischen Schule. Die beiden Büsten beim Hauptaltar ehren zwei berühmte Hvarer Persönlichkeiten der Renaissance, den Dichter **Petar Hektorović** und den Schriftsteller **Hanibal Lucić** › S. 108. Der Campanile kam im 16. Jh. hinzu und weist die klassische Dreiteilung mit zwei-, drei- und vierbogigen Fenstern in den aufsteigenden Etagen auf.

Ursprünglich reichte das Hafenbecken fast bis zur Kathedrale; damals trennte es die beiden Siedlungen Groda (am Hang im Norden) und Sv. Mikula. **Groda,** mit Treppengassen und zahlreichen venezianischen Palästen, ist besonders malerisch, allerdings auch sehr touristisch, denn in fast allen Häusern sind Boutiquen oder Restaurants. Mittendrin wirkt das **Kloster der Benediktinerinnen** wie aus der Zeit gefallen. In dem ehemaligen Palazzo kam 1485 Hanibal Lucić zur Welt; 200 Jahre später wandelte man das Anwesen in ein Kloster um.

Das St-Tropez der kroatischen Adria ist die Inselhauptstadt Hvar

Ein kleines **Museum** zeigt sakrale Gegenstände und Gemälde sowie besonders dekorative Spitzendeckchen, die die Nonnen aus Agavenfasern anfertigen. Die kleinen Kostbarkeiten erhalten zumeist Staatsbesucher als Geschenk. Entsprechendes Kleingeld vorausgesetzt, können auch Sie sie erwerben (Groda, Juni–Sept., Mo–Sa 10 bis 12, 17–19 Uhr).

Am höchsten Punkt Grodas bewacht die **Festung Španjola** die Altstadt. Vom 13. bis 16. Jh. dauerten die Bauarbeiten an dem Bollwerk, das 1579 durch eine Explosion des darin gelagerten Pulvers stark zerstört wurde. Den etwa 20-minütigen Aufstieg belohnt ❗ ein wunderbares Panorama der Altstadt und der vorgelagerten »Hölleninseln«, Pakleni otoci. Ein Café bietet Erfrischungen, und archäologisch Interessierte bewundern eine Sammlung antiker Amphoren (Sommer 8–24, Vor- und Nachsaison 8–21 Uhr).

Ein Bummel durch die Stadtviertel südlich des Trg Sv. Stjepana endet am Kloster **Franjevački samostan** (Franziskanerkloster) aus dem 15. Jh. in zauberhafter Buchtlage. Im Refektorium folgt der Blick Jesu auf dem Gemälde »Das letzte Abendmahl« (17. Jh.) dem Betrachter in jede Ecke, egal, aus welcher Perspektive er auf das Bild schaut. Im Museum sind ❗ weitere wertvolle Gemälde und sakrale Objekte ausgestellt. Die Klosterkirche empfängt die Gläubigen mit einer anrührenden Madonna mit Kind von Nikola Fiorentinac in der Lünette über dem Portal. Innen fand der Dichter Hanibal Lucić › **unten** seine letzte Ruhestätte (Šetalište put križa, Mo–Sa 9–15, 17–19 Uhr).

Info

TZ Hvar
- Trg Sv. Stjepana 42
  21450 Hvar-Stadt
  Tel. 021 74 29 77
  www.tzhvar.de

SEITENBLICK

Poeten von der Insel Hvar

Die Renaissance brachte auch im von Venedig dominierten Dalmatien eine Blüte von Wissenschaft und Literatur hervor. Adelige, Forscher und Dichter trafen sich in den Sommervillen zu literarischen Zirkeln, rezitierten Gedichte oder diskutierten philosophische Fragen. Zwei der Protagonisten jener Ära stammten von der Insel Hvar: **Hanibal Lucić** (1485–1553) war Jurist und verfasste Gedichte und Theaterstücke, von denen allerdings nur ein einziges, »Robinja« (Die Sklavin), erhalten ist. Lucić gefiel es, in der »Sprache der Bauern« zu dichten.

Sein Zeitgenosse **Petar Hektorović** (1487–1572) stammte aus Stari grad › S. 110, wo er zeitlebens wohnte. Als Dichter und Universalgelehrter widmete er sich unterschiedlichen literarischen Genres, die er in seinem 1568 erschienenen Hauptwerk »Ribanje i ribarsko prigovaranje« (Von der Fischerei und den Gesprächen der Fischer) miteinander verwob.

Insel Hvar **Mitteldalmatien**

Unterkunft
The Palace €€
Altehrwürdiges Palasthotel (1903) in einzigartiger Lage. Die Zimmer sind komfortabel, durch die Lage in der Altstadt aber nicht besonders ruhig.
- Trg Sv. Stjepana 5 | Hvar-Stadt
  Tel. 021 75 04 00
  www.suncanihvar.com

Helvetia House €
Ein 6-Bett- und zwei DZ im Altstadthaus einer netten Familie. Die Zimmer sind sehr klein – dafür entschädigt die grandiose Dachterrasse.
- Burak bb | Hvar-Stadt
  Tel. 091 519 39 36

Restaurants
Dalmatino €€€
Steak & Fish sind Programm im modernen Altstadtrestaurant, es führt aber auch gute Pasta und leckere Salate auf der Abendkarte.
- Sv. Marak 1 | Hvar-Stadt
  Tel. 091 529 31 21
  www.dalmatino-hvar.com

Zlatna Školjka €€€
Ganz unaufgeregt und ohne Attitüde hat sich die »Goldene Muschel« dem Slow Food verschrieben. Die Gerichte sind fein komponiert und delikat.
- Petra Hektorovića 8 | Hvar-Stadt
  Tel. 098 168 87 97
  http://zlatna.skoljka.com

Agava €€
Die Speisekarte ist relativ übersichtlich, dafür wird alles frisch zubereitet. Der holzgetäfelte Gastraum öffnet sich zu einer blumenumrankten Mini-Terrasse – wer da sitzen möchte, sollte reservieren.

Die herrliche Terrasse des Restaurants San Marco im Hotel The Palace in Hvar-Stadt

- Ivana Bozitkovića 17 | Hvar-Stadt
  Tel. 091 622 77 88
  http://agava-hvar.com

Café-Bar Fig €
Ein Senkrechtstarter in der Gastroszene der Inselhauptstadt! Kleine, leichte Gerichte wie Gemüsecurrys, belegte *flatbreads* – und fast alles ist vegetarisch!
- F. Biundovica 3 | Hvar-Stadt
  Tel. 099 267 98 90
  www.figcafebar.com

Nightlife
Carpe Diem
An diesem Hotspot des Nachtlebens führt kein Weg vorbei …
- Riva | Hvar-Stadt
  Tel. 021 74 23 69
  www.carpe-diem-hvar.com

Falko Bar
… oder doch? Bei Falko, von der Altstadt an der Uferpromenade nach Westen jenseits des Amfora-Hotels, ist alles viel lässiger und entspannter!
- Šetaliste Tonia Petrića 22 | Hvar-Stadt
  Tel. 095 233 52 96

Shopping
Nonica
Das »Großmütterchen« hat's faustdick hinter den Ohren, denn ihrem Kuchen und Gebäck kann niemand widerstehen.
- Kroz Burak 23 | Hvar-Stadt
  Tel. 021 71 80 41

Made in Hvar
Alles in diesem Laden wurde in Hvar angefertigt, darunter nicht nur traditionelle Souvenirs, sondern auch viele originelle modische Accessoires.
- Trg Sv. Stjepana | Hvar-Stadt
  Tel. 098 168 78 64

Aktivitäten
Hvar Adventure
Kajaktouren, Radverleih, Kletterschule, Skydiving – was auch immer Sie auf Hvar machen möchten, diese Agentur hat die Lösung!
- Jurija Matijevića 20 | Hvar-Stadt
  Tel. 021 71 78 13
  www.hvar-adventure.com

Stari grad 15 ★ [F6]
Die Stadt an einer tiefen Bucht der Ostküste ist wie Hvar eine griechische Gründung. In ihrem Hinterland, einem fruchtbaren, *polje* genannten Karsttal, erstreckt sich das wohl eigenwilligste und sich dem flüchtigen Besucher kaum erschließende UNESCO-Welterbe, die *chora*. So, wie die Griechen ihre Felder im 4./3. Jh. v. Chr. angelegt haben, ist die Aufteilung der Parzellen bis heute erhalten – ein einzigartiges Beispiel antiker landwirtschaftlicher Kultur › **S. 112**.

Obwohl Stari grad nur 20 km von Hvar entfernt liegt, ist hier alles Schicke und Schrille verschwunden. Das Städtchen (2000 Einw.) wirkt zeitweilig richtig verschlafen, vor allem aber sehr authentisch.

Hauptsehenswürdigkeit ist die Villa bzw. der Palazzo **Gradina Tvrdalj** des Dichters Petar Hektorović › **S. 108**. 1520 nach Plänen des Poeten erbaut, diente er ihm bis zu seinem Tod 1572 als Wohnstatt. Neben Literatur hinterließ Hektorović auch Steinfragmente, in die er Sinnsprüche meißelte, so beispielsweise »Wie kannst du stolz sein, wenn du weißt, wer du bist?« Das Haus birgt zudem eine typisch dalmatinische Küche aus dem 19. Jh., einen Weinkeller und im Innenhof einen Fischteich (Trg Tvrdalj 11, Juli, Aug. tgl. 10–13, 17–21, Mai, Juni, Sept., Okt. 16 bis 18 Uhr).

Des Dichters Ruhm preist auch das **Museum im Dominikanerkloster**, zumindest indirekt. Denn sein Glanzstück ist ein von Tintoretto geschaffenes Gemälde der Kreuzigung Christi, das Hektorović in Auftrag gegeben hatte und das ursprünglich in der Klosterkirche hing. Daneben sind antike griechische sowie römische Funde ausgestellt (Kod Sv. Petra, Mai–Okt. 9.30–12.30, 17 bis 19 Uhr).

Archäologisch Interessierte finden auch im **Städtischen Museum** (Muzej Starog grada) im Palazzo Biankini eine sehenswerte Sammlung antiker Funde, darunter eine Schiffsladung Amphoren aus einem vor Stari grad entdeckten Wrack (Brace Biankini 4, http://msg.hr, Mai, Juni, Sept., Okt. Mo–Sa 10–13, Juli, Aug. tgl. 10–13, So 19–21 Uhr).

Karte
S. 82

Insel Hvar   **Mitteldalmatien**

Info
TZ Stari grad
- Obala dr. Franje Tuđmana 1
  21460 Stari grad
  www.stari-grad-faros.hr

Unterkunft
B&B Heritage Villa Apolon €€€
Die ehemalige Villa eines bekannten Hvarer Archäologen birgt heute moderne, geschmackvolle Suiten, angenehme Zimmer und ein Restaurant.
- Šetalište Š. Ljubića 7 | Stari grad
  Tel. 098 177 83 20
  www.apolon.hr

Hvareno €€
Die ländliche Pension mit farbenfroh gestalteten, hübschen Zimmern hat im Sommer ein besonderes Programm: Englisch angeleitete Yogakurse.
- Dužev dvor 7 | Dol | Stari grad
  Tel. 021 76 56 35
  www.hvareno.com

Restaurants
Eremitaž €€
Ein Hoch auf die Lage! Das Restaurant in einem früheren Kloster (15. Jh.) der Altstadt gegenüber offeriert unverstellten Blick auf Stari grad und das Meer. Gute dalmatinische Küche, erfolgreich bemühter Service.
- Obala hrvatskih braniltelja 2
  Stari grad | Tel. 021 76 61 67

Jurin Podrum €€
Das Lokal in der Altstadt steht für besonders frischen Fisch und Meeresfrüchte. Viel gelobt ist das mit Lavendel abgeschmeckte Dessertangebot.
- Donja Kola 11 | Stari grad
  Tel. 021 76 54 48

Nightlife
Tramonto Beach Bar
Ideal gelegene Beach Bar für den perfekten Sonnenuntergang.
- Put od Lanterne (etwa 15 Min. zu Fuß vom Ortszentrum von Stari grad)
  Tel. 091 444 22 78

Shopping
Za pod zub
Feinkost wie Schinken, Würste, Käse, Olivenöl oder Lavendel von der Insel sowie verschiedene Spezialitäten aus anderen Teilen Kroatiens.
- Srinjo kola 11 | Stari grad
  Tel. 095 819 77 92
  http://zapodzub.com

Aktivitäten
Hvar life
Sportlich Aktive buchen Tagestouren mit dem Rad, MTB-Inselabenteuer oder einfach nur Genussradeln zu Weinproben und Konobas.
- Trajektno pristanište 1 | Stari grad
  Tel. 095 556 55 67
  http://hvar.life

Ein Fischer in Stari grad repariert sein Netz

Starogradsko polje ★ [F6]

Auch wenn es schwer nachzuvollziehen ist: Ein Besuch im Tal zwischen Stari grad und Jelsa bringt Sie der Geschichte der Insel Hvar näher. Das *polje* (Feld) von Stari grad ist ein UNESCO-Weltkulturerbe, denn in diesem fruchtbaren Tal pflanzten bereits die griechischen Siedler Oliven, Getreide und Wein. Dabei legten sie die Parzellen so an, wie sie es aus der Heimat gewohnt waren – in 900 × 200 m messende *chorai*. Erstaunlicherweise hat keiner der nachfolgenden Generationen an dieser Struktur etwas geändert. Sie sehen hier also Grundstücksbegrenzungen und -verläufe, die 2400 Jahre alt sind. Bis auf einige Hinweisschilder wurde bislang aber nicht allzu viel dafür getan, das zu erklären. Am empfehlenswertesten ist es, das *polje* zu Fuß oder per Rad zu erkunden. Die Fundamente einer römischen **Villa Rustica,** eine wieder aufgebaute dalmatinische Hirtenhütte aus Bruchsteinen und der **Omphalos,** der »Nabel« des Feldes (von dem aus die Landmesser die Parzellen bestimmten), und Ruinen eines griechischen Wachtturms bei Maslinovik sind ausgeschildert.

Vrboska und Jelsa 16 [F6]

An die mehrfachen türkischen Angriffe auf Hvar erinnert in dem Hafenstädtchen **Vrboska** die Festungskirche **Sv. Marija.** Das im 15. Jh. erbaute Gotteshaus wurde im 16. Jh. mit Festungsmauer und Turm verstärkt (Mai–Sept. 10–12, 19.30 bis 20.30 Uhr). Ein kleines **Fischermuseum** thematisiert den neben der Landwirtschaft wichtigsten Wirtschaftszweig in diesem Teil der Insel (Riva bb, Mai–Okt. 10–13.30, 18 bis 21.30 Uhr). Vrboskas großes Plus ist die **malerische Lage** an dem schmalen Meeresarm, über den im Ortszentrum eine hübsche steinerne Brücke führt. Mehrere Winzer haben ihre Weingärten auf dem *polje* von Stari grad. Mit Hinweisschildern (»vino«) laden sie zur Verkostung und zum Weinkauf.

Jelsa, 10 km von Stari grad, ist etwas lebhafter und touristischer; Cafés und Restaurants säumen den Kai. Von Jelsa gelangt man über einen Bergrücken und durch einen Tunnel an die Südküste mit verschwiegenen Buchten und steilen Weinhängen › **Tour 8 S. 81.**

Info

TZ Vrboska
- Vrboska bb | 21463 Vrboska
Tel. 021 77 41 37
www.vrboska.info

Festungskirche Sv. Marija in Vrboska

Insel Hvar **Mitteldalmatien**

Unterkunft
Villa Welcome €€
Die Zimmer in dem freundlich geführten Gästehaus sind einfach, aber sauber, und die Gastgeber kümmern sich um ihre Gäste.
- Vrboska 237 | Vrboska
  Tel. 021 77 41 10
  www.villawelcome.com

Camp Lušić €
Zwei Apartments und ein kleiner Campingplatz in einer malerischen Bucht unweit von Jelsa.
- Mudri Dolac | 21462 Vrbanj
  Tel. 091 501 89 24
  www.mudridolac.com
  Mai–Okt

Restaurant
Me and Mr Jones €€
Im schicken Bistro an der Marina kann man den Abend wunderbar bei feinen Meeresfrüchten, Pasta oder auch Snacks und einem Glas Wein vertrödeln.
- Mala banda bb | 21465 Jelsa
  Tel. 021 76 18 82

Pakleni otoci [E6]

Rund 20 Inseln, Inselchen und Riffe bilden nordwestlich von Hvar-Stadt eine smaragdgrüne Kette im Blau der Adria. Die mit Kiefern, Wacholder, Rosmarin und anderen aromatischen Pflanzen bewachsenen »Hölleninseln« sind von Hvar-Stadt › S. 107 mit dem Taxiboot erreichbar. Auf dem Haupteiland **Sv. Klement** 17 (inoffiziell **Palmižana**) gibt es einige temporäre Siedlungen, und **Sv. Jerolim**, die am nächsten gelegene, hat sich sowohl als FKK- wie auch als Partyinsel einen Namen gemacht. Der Rest der Inseln ist unbewohnt und lockt mit unverfälschter Natur und einsamen Badebuchten. Übrigens: Die Strände für das hüllenlose Baden sind deutlich mit FKK gekennzeichnet – an anderen ist es nicht geduldet.

Auf der **Insel Marinkovac** lockt der **Carpe Diem Beach Club** mit luxuriösen Sonnenbetten und einer Beach Bar mit Drinks, Snacks sowie DJ-Beschallung – ein Partystrand für die immerwährende Feier auf einer der »Hölleninseln« (Stipanska, http://carpe-diem-beach-hvar.com, Mai–Sept., Bootsverbindungen vom Hafen in Hvar-Stadt).

Hotel
Meneghello €€€
Seit Beginn des 20. Jhs. forstet Familie Meneghello ihren völlig verkarsteten Grund und Boden auf Palmižana auf – das Ergebnis ist ein fantastischer botanischer Garten, in dem mehrere Bungalows zwischen Grün und duftenden Blüten hervorlugen. ! Eine Traumunterkunft für Romantiker, die nicht zum Partyfeiern nach Hvar gekommen sind.
- Sv. Klement (Palmižana)
  Tel. 021 71 72 70 | www.palmizana.hr

Insel Vis ⭐ [E7]

Das rund 60 km vom Festland entfernte Eiland lag lange im touristischen Dornröschenschlaf. In der jugoslawischen Ära war die Insel Militärstützpunkt und für Touristen gesperrt. Erst mit der kroatischen Unabhängigkeit begann die Erschließung für den Fremdenverkehr. Sie schreitet allerdings nicht so schnell voran wie sonst in Dalmatien – sicher spielt die lange Überfahrt von Split (knapp 2½ Std.) eine Rolle.

Zwei hübsche Inselstädtchen – Vis und Komiža – und eine buchtenreiche Küste, deren Strände teils nur per Boot oder zu Fuß erreichbar sind, machen den besonderen Reiz der Insel aus.

Vis-Stadt 18 [E7]

Auch Vis (2000 Einw.) bietet mit einer tief eingeschnittenen Bucht Fischern und Handelsfahrern Schutz. Die kleine, vorwitzig in die See ragende Halbinsel **Prirovo** schließt das Hafenbecken zusätzlich ab. Auf diesem malerisch gelegenen Stückchen Land errichteten griechische Kolonisten aus dem sizilianischen Syrakus im 4. Jh. v. Chr. das Theater der Kolonie Issa. Von der Stadt ist kaum etwas erhalten; auf den Fundamenten des antiken Theaters erbauten Franziskaner im 16. Jh. ein Kloster.

Von Prirovo in Richtung Hafen gehend, passiert man die Reste der **römischen Thermen** – einige Mosaikböden, die Umrisse von Ruheräumen – und die **griechische Nekropole** (gleich hinter den Tennisplätzen), von der nur wenige Gräber systematisch untersucht sind. Aufschlussreicher als die Ruinenreste sind die Exponate im **Archäologischen Museum** (Arheološki muzej) in der Festung Gospina-batarija, die Habsburg im 19. Jh. erbauen ließ. Zahlreiche Amphorenfunde aus der Ladung gesunkener Schiffe, dazu Schmuck und Alltagsgegenstände aus der griechischen Epoche erwecken die griechische Kolonie zum Leben. Die ethnografische Abteilung widmet sich vor allem dem Fischfang, neben Weinbau seit alters her ein wichtiger Wirtschaftszweig (Šetalište viški boj 12, Juni–Sept. Mo–Fr 10–13, 17–21, Sa 10–13 Uhr).

Info

TZ Vis
- Šetalište Stare Isse 5
  21480 Vis-Stadt
  Tel. 021 71 70 17 | www.tz-vis.hr

Hotels

Die meisten Feriengäste übernachten in Privatzimmern oder -apartments.

San Giorgio €€€
Das schicke Stadthotel in historischen Mauern besticht mit geschmackvoll eingerichteten Zimmern und einem guten Restaurant. In der Nebensaison gibt es Yogawochen.
- Ul. Petra Hektorovića 2 | Vis-Stadt
  Tel. 021 60 76 30
  www.hotelsangiorgiovis.com

Villa Vis €€€
Die modern und sehr schön ausgestattete Villa bietet sechs Zimmer, lässt sich aber auch komplett mieten.
- Jakšina ul. 11 | Vis-Stadt
  Tel. 098 948 74 90
  www.villaviscroatia.com

Restaurants

Kantun €€
Wenn viele Boote im Hafen liegen, sollten Sie unbedingt reservieren. Die Konoba ist weit über Vis hinaus für frischen Fisch und Meeresfrüchte bekannt.
- Biskupa Mihe Pušića 17 | Vis-Stadt
  Tel. 092 285 48 18

Karte S. 82

Insel Vis **Mitteldalmatien**

Im Hafenviertel von Komiža, dem Fischerstädtchen an der Südwestküste von Vis

Konoba Magić €€
Die Konoba hat nur abends geöffnet, dennoch lohnt sich der Weg an die Südküste, denn die Gerichte aus der Peka, Lamm oder Tintenfisch, sind hervorragend. Sie müssen vorbestellt werden.
• Stončica 1 | Vis | Tel. 091 898 48 59

Konoba Stončica €€
Grillgerichte, Salate und Snacks stehen auf der Karte des Strandlokals über der Stončica-Bucht › S. 116.
• Stončica 11 | Vis | Tel. 021 784 71 88
  www.konoba-stoncica.com

Pizzeria Karijola €€
Für einen legeren Abend mit knuspriger Pizza aus dem Holzofen.
• Šetalište viški boj 4 | Vis-Stadt
  Tel. 021 71 13 58
  www.pizzeria-karijola.com

Nightlife
Lambik
Tagsüber wie abends ein beliebter Szenetreff in der Altstadt von Vis; manchmal begleitet von Livemusik.

• Pod ložu 2 | Vis-Stadt
  Tel. 091 162 31 77

Aktivitäten
Vis Special
Die Agentur organisiert die vielfältigsten Ausflüge, z. B. zu den Militärbunkern der Habsburger- und der Tito-Ära und natürlich Fahrten zur Blauen Grotte › S. 116. Außerdem Rad- und Kajakverleih.
• Korzo 33 | Vis-Stadt | Tel. 021 71 15 24
  www.vis-special.com

ANMA
Tauchkurse, Ausrüstungsverleih und Exkursionen, u. a. zu römischen Amphoren und Schiffswracks aus dem 2. Weltkrieg.
• Apolonia Zanelle 2 | Vis-Stadt
  Tel. 091 521 39 44 | www.anma.hr

Komiža 19 [E7]
Auch das Fischerstädtchen (1300 Einw.) an der Südwestküste breitet sich an einer schützenden Bucht aus. Es bezaubert mit einem malerischen Ortsbild, in dem moderne Bausünden weitgehend fehlen.

Mitteldalmatien Insel Vis, Insel Biševo
Karte S. 82

Der Hafen von Komiža ist der Liebling von Boots- und Jachtbesitzern und entsprechend gut besucht. Auch mehrere Restaurants und ein hübsches Hotel profitieren von den recht wohlhabenden Gästen. Mit den *falkuša*-Booten fahren die lokalen Fischer nicht mehr hinaus, aber das Fischereimuseum **Ribarski muzej** im alten venezianischen Fort am Hafen stellt noch ein Exemplar dieser traditionellen Segler aus, dazu diverses Arbeitsgerät und faszinierende Fotografien von der legendären Palagruža-Regatta der *falkuša*-Boote, die bereits im 16. Jh. erstmals von Komiža zum 42 Seemeilen entfernten Felseneiland Palagruža um die Wette segelten (Juni–Sept. tgl. 10 bis 12, 20–23 Uhr). Seit 2009 ist dieses Rennen wieder fester Bestandteil des Festivalsommers auf Vis.

Info
TZ Komiža
- Riva Sv. Mikule 2 | 21485 Komiža
  Tel. 021 71 34 55 | www.tz-komiza.hr

Restaurant
Konoba Bako €€
Traditionelle Gerichte aus Dalmatien und Spezialitäten von der Insel Vis schmecken an den Tischen am Meer besonders gut. **50 Dinge** ⑯ › S. 13.
- Gundulićeva 1 | Komiža
  Tel. 021 71 37 42
  www.konobabako.hr

Strände und Buchten
Reizvolle Strände finden sich in der Umgebung von Vis-Stadt (z. B. **Prirovo**) wie auch von Komiža (**Kamenice** mit Beach Bar Aquarius), aber berühmt ist die Insel Vis v. a. für ihre verschwiegenen Buchten, so etwa die berühmte **plaža Stiniva**: ❗ Den Kiesstrand rahmen hohe Felswände ein und lassen nur einen etwa 4 m breiten Spalt zum offenen Meer (Südküste; zu Fuß zugänglich vom Weiler Žužec, dann ca. 20 Min. steiler Fußweg bergab). Ein paar Buchten nach Osten ist der Strand **Srebrna** bei Rukavac [E7] etwas bequemer erreichbar (Parkplätze in der Nähe). Familien fühlen sich hier besonders wohl; der Kiesstrand fällt flach ab, und Tamarisken spenden Schatten. **Stončica** im Nordosten kann mit Sand, Palmen und Beachvolleyball aufwarten, und eine Konoba sorgt für Verpflegung.

Insel Biševo ⑳ [E7]

Hauptgrund, die rund drei Seemeilen entfernte Insel zu besuchen, ist die Blaue Grotte, **Modra špilja**. Im Sommer fallen ab 11 Uhr vormittags Sonnenstrahlen durch einen Spalt in der Höhlendecke und lassen das Meer darin türkisblau leuchten. Ein einmaliges Erlebnis, wenn man allein ist. Das ist jedoch nur in der Vor- oder Nachsaison der Fall, denn Ausflüge zur Blauen Grotte werden nicht nur von Komiža bzw. Vis, sondern auch von Hvar und sogar Split aus geboten – entsprechend ist der Andrang im Juli und August. Ausflugsboote warten am Hafen; die Tour dauert ca. 1½ bis 2 Std. **50 Dinge** ㊺ › S. 17.

Blick vom Berg Srđ zur Insel Lokrum, über den Hafen und die Altstadt von Dubrovnik

SÜDDALMATIEN

Kleine Inspiration

- **Weine probieren** auf der Halbinsel Pelješac › S. 126
- **Den Sonnenuntergang bestaunen** von der Terrasse der Bar Massimo in Korčula-Stadt › S. 132
- **Auf der Stadtmauer von Dubrovnik spazieren** und sich fühlen wie ein Star der Serie »Game of Thrones« › S. 136, 139
- **Durch das bezaubernde Cavtat bummeln** und anschließend an der Uferpromenade im Kamen mali einen Cocktail trinken › S. 144
- **Sich mit einem Kajak aufmachen** zu einsamen Strandbuchten auf den Elaphitischen Inseln › S. 147

Süddalmatien Tour 9–12

Eine der längsten erhaltenen Stadtmauern weltweit, ein verwunschener Park, bezaubernde Buchten, feine Weine, Muscheln und Austern, schicke Restaurants und coole Bars – das alles erwartet Sie in Süddalmatien.

Das südliche Dalmatien steht ganz im Schatten der »Königin der östlichen Adria«, Dubrovnik. Wie Venedig, mit dem es sich jahrhundertelang einen heftigen Handelskrieg lieferte, ist das mauerbewehrte Dubrovnik heute Ziel zahlloser Kreuzfahrt- und Tagestouristen, die in den alten Gassen und Plätzen der Geschichte und ein bisschen auch der Fantasy-Serie »Game of Thrones« nachspüren, die hier gedreht wurde. Auch als Shoppingparadies und Gourmetdestination hat Dubrovnik sich einen Namen gemacht.

Süddalmatien geizt auch nicht mit Insellandschaften: Das angebliche Marco-Polo-Eiland Korčula punktet mit einer venezianischen Altstadt par excellence, idyllischen Strandbuchten sowie mittelalterlichen Festen; die Halbinsel Pelješac gegenüber ist ein Mekka der Windsurfer, Wein- und Austernfreunde. Nicht zu vergessen der Elaphiten-Archipel, auf dessen winzigen Inseln Dubrovniks Adel sich einst Sommerpaläste errichteten ließ. Noch heute scheinen Koločep, Lopud und Šipan völlig von der Zeit vergessen.

Touren in der Region

 ### Ins Neretva-Delta

Route: Ploče › Rogotin › Kula Norinska › Metković › Vid (Narona) › Metković › Duboka › Neum › Ston

Karte: Seite 122
Länge/Dauer: 90 km, ½ Tag
Praktische Hinweise:
- Der Ausflug ins Delta lässt sich gut als Abstecher bei der Fahrt auf der Adria-Magistrale in Richtung Süden unternehmen.
- Für den Grenzübertritt nach Bosnien und Herzegowina benötigen Sie ein gültiges Ausweisdokument und für den Pkw eine Grüne Versicherungskarte.

Tour-Start:

Die Neretva, die in Bosnien und Herzegowina entspringt und nur auf den letzten 25 km ihres Laufs Kroatien passiert, verzweigt sich zwischen der Grenze zu Bosnien und Herzegowina und der Adria zu einem 120 km² großen Delta, das die Menschen seit dem Altertum

Tour 9: Ins Neretva-Delta **Süddalmatien**

landwirtschaftlich nutzen. Der Ausgangspunkt der Tour, die Hafenstadt **Ploče** [H7] an der Neretva-Mündung, darf mit ihren in den 1970er-Jahren errichteten Betonklötzen konkurrenzlos als hässlichste Stadt Dalmatiens gelten. Auch die ersten Kilometer auf der D8 in Richtung Opuzen sind nicht gerade idyllisch zu nennen, aber in **Rogotin** [H7], 5 km weiter, empfängt den Reisenden ein hübscher Ortskern an der Mündung des Neretva-Nebenflusses Crna rijeka. Kurz darauf zweigt eine Straße von der Magistrale ab, die am rechtseitigen Ufer der Neretva nach Nordosten in Richtung Metković verläuft. Schilfgürtel säumen den Fluss, und voraus erheben sich die abgeschliffenen Kuppen des Rujnica-Berglands.

13 km weiter am Zufluss des Nebenarms Norin sehen Sie in **Kula Norinska** die Ruine eines Wachtturms aus dem 16. Jh. Knapp 5 km weiter ist **Metković** [H7], Hauptort des Deltas, erreicht.

Ein bescheidenes Ortszentrum und moderne Peripherie prägen die Stadt. Sie biegen nach Norden in Richtung **Vid** [H6] ab und erreichen 5 km weiter das Dorf, dessen archäologische Ausgrabungsstätte das antike **Narona** erschließt. Wer wachen Auges durch die Gassen geht, entdeckt an vielen Häusern eingemauerte römische Spolien. Bereits die Griechen unterhielten im Delta einen Handelsstützpunkt, den die Römer ab dem 2. Jh. v. Chr. übernahmen. Später avancierte die Stadt zum Bischofssitz, bis Awaren sie im 8. Jh. zerstörten. Im Sumpfgebiet des Deltas hat man zahlreiche archäologische Entdeckungen gemacht, doch die Siedlung Narona selbst gibt kaum Anschauliches preis. Umso eindrucksvoller sind die im **Archäologischen Museum** ⭐ ausgestellten Exponate, darunter ❗ 17 wunderbar erhaltene, lebensgroße Statuen aus einem Augusteum-Tempel (Naronski trg 6, 20352 Vid, www.a-m-narona.hr, Juni–Sept. Di bis So 9–19, Okt.–Mai Mo–Fr 9–16, Sa 9–17, So 9–13 Uhr).

In Vid empfiehlt sich eine kulinarische Pause in der Konoba **Đuđa & Mate** am Fluss Narin, einem Nebenarm der Neretva. Über offenem Feuer brutzeln Delta-Spezialitäten wie Aal oder Rohrhuhn, doch es gibt auch Standardgerichte, darunter Lamm oder Čevapčići (Velika riva 2, 20352 Vid, Tel. 020 68 75 00, http://djudjaimate.hr, €€).

Auf gleichem Weg zurück und in Metković die Neretva überquerend, folgen Sie dem Fluss nun am südlichen Ufer entlang, passieren erneut den Wachtturm Kula Norinska und erreichen 10 km hinter Metković **Opuzen** [H7], ein weiteres hübsches Neretva-Städtchen. Ein länglicher Stadtplatz mit klassizistischem Rathaus, ein paar schmale Kopfsteinpflastergassen und eine Flusspromenade laden zu einem kurzen Bummel ein. Ein Abstecher führt in das südlich fast direkt anschließende **Podgradina** [H7] mit der über dem Ort thronenden Burgruine **Brštenik** aus dem 14. Jh. ❗ Genießen Sie den Blick über das Delta mit zahllosen Bewässerungskanälen bis hin zur Halbinsel Pelješac!

Nun biegen Sie auf die D 8 in Richtung Neum nach Südosten ab. Die Verkaufsstände am Straßenrand zeigen, was gerade reif ist: Kirschen, Pfirsiche, Melonen, Paprika, Tomaten oder Mandarinen, für die das Delta berühmt ist. Die Straße verläuft mit immer neuen Ausblicken auf die grüne Oase am Südrand des Deltas durch Karstgebirge auf die Küste zu und erreicht bei **Duboka** [H7] (km 60) die **Bucht von Neum.** 5 km weiter überquert man die Grenze zum bosnisch-herzegowinischen Korridor › S. 19. Neum hinter sich lassend und erneut die Grenze überschreitend, sind es dann noch 15 km bis **Ston** 1 › S. 125.

 # Radeln auf der Insel Mljet

Route: Polače › Govedari › Pomena › Soline › Pristanište › Polače

Karte: Seite 122
Länge/Dauer: 22 km, 1 Tag
Praktische Hinweise:
- Anreise nach Mljet mit der Fähre von Prapratno auf Pelješac nach Sobra (www.jadrolinija.hr) oder per Katamaran von Dubrovnik nach Polače (www.gv-line.hr); Bus 18 von Sobra nach Polače.
- Nacionalni park Mljet, Pristanište 2, 20226 Goveđari, Mljet, Tel. 020 74 40 41, http://np-mljet.hr.
- Nehmen Sie einen Picknickkorb mit; das Angebot im Park ist nicht gut.
- Fahrradverleih in Polače; Kajakverleih in Mali most.

Tour-Start:
Die einfache Fahrradtour erschließt die geschützte Natur des Nationalparks im Westteil der Insel Mljet. Vom hübschen Hafenort **Polače** [H7] starten Sie mit dem Rad in Richtung Pomena. Bevor es losgeht, ist allerdings noch Eintritt zu entrichten (90–100 Kn/Person). Zuerst radelt man auf der Regionalstraße flach an der Bucht entlang nach Norden, dann windet sich die Straße bergauf. Auf den ersten 2,5 km sind knapp 90 Höhenmeter in der dicht bewaldeten Region zu meistern. Dann geht's wieder bergab in die Bucht von **Pomena** [H7] (km 5). 50 Menschen leben hier noch; im Sommer ist das Hotel Odisej (www.adriaticluxuryhotels.com) der Anlaufpunkt für Gäste, die die Einsamkeit dieser schönen Küste schätzen.

Rund 200 m auf selber Strecke zurück, und die Route biegt nach rechts in Richtung Soline ab. Knapp 800 m weiter sehen Sie den Kleinen See, **Malo jezero**, zwischen den Bäumen schimmern: Der Weg führt an ihm entlang zum Großen See, **Veliko jezero**, den man etwa bei km 8 erreicht. Die beiden miteinander verbundenen Wasserflächen, umgeben von dichtem Steineichen- und Aleppokiefernwald, bieten ein ungemein friedliches Bild. Tatsächlich sind sie aber keine Seen, sondern vom Meer überschwemmte Karsttäler. Nach weiteren 2 km dümpelt die **Klosterinsel Melita** [H8] malerisch im tiefen Blau des Wassers, weitere 2 km sind es bis zum Ende der Landzunge. An der schmalsten Stelle führt eine Brücke, **Mali most**, ans gegenüber-

Tour 11: An der Rijeka Dubrovačka **Süddalmatien**

liegende Ufer. Zeit, die Räder stehen zu lassen und die Seen mit dem Kajak zu erkunden! Ein Verleih befindet sich an der Brücke.

Rund 6 km kehrt man auf gleichem Weg zurück bis zum Scheitelpunkt des Kleinen Sees, wo man sich nun rechts hält und am Ufer entlang 1,5 km nach **Pristanište** [H7] radelt. In dem winzigen Weiler können Sie einen Bootsausflug zur Klosterinsel unternehmen. Allerdings ist der im 12. Jh. erbaute Konvent nicht zugänglich, und das Inselrestaurant lässt arg zu wünschen übrig (Boote Mai–Okt. stündlich). Auf den letzten 2 km bis Polače steht noch ein kleiner Anstieg von etwa 60 Höhenmetern bevor, dann geht's bergab ans Meer.

Am Veliko jezero mit der Klosterinsel Melita

 An der Rijeka Dubrovačka

Route: Dubrovnik/Hafen Gruž › Rijeka Dubrovačka › Arboretum Trsteno › Tuđman-Brücke › Dubrovnik

Karte: Seite 122
Länge/Dauer: 44 km, ½ Tag
Praktische Hinweise:
- Mit öffentlichen Verkehrsmitteln können Sie entweder direkt nach Trsteno (Bus 12 in Richtung Slano) oder entlang der Rijeka Dubrovačka (Bus 28 in Richtung Osojnik) fahren.
- Die Bushaltestelle befindet sich am Hafen Gruž; Fahrpläne auf http://libertasdubrovnik.com.

Tour-Start:
Rijeka Dubrovačka heißt der tief landeinwärts greifende Meeresarm, eigentlich ein vom Fluss Ombla gegrabener Canyon, nördlich von Dubrovnik, den die Franjo-Tuđman-Brücke überspannt. In der Blütezeit der Republik Ragusa im 15./16. Jh. war das Ombla-Tal begehrtes Bauland: 14 der damals errichteten Villen, die man *ljetnikovac*, Sommerhaus, nennt, sind noch erhalten; nur zwei allerdings auch renoviert.

Start ist am Dubrovniker **Hafen Gruž** [J8], wo ebenfalls Sommerhäuser stehen: Hinter dem Jachtclub Orsan die **Renaissancevilla des Petar Sorkočević** (16. Jh.) und neben dem Markt an der Obala Stjepana Radića der **Palast des Dichters Ivan Gundulić**. An dessen zinnengeschmückter Mauer entlang, verlässt man das Hafengelände und achtet darauf, nicht geradeaus auf die Tuđman-Brücke zu geraten, sondern rechts davor auf die Regionalstraße 420 abzubiegen. Nach rund 500 m erhebt sich rechter Hand der wunderbar restaurierte Palast **Ljet-**

nikovac **Bunić-Kaboga,** dessen Fundamente aus dem 13. Jh. stammen. Palast wie Garten wurden originalgetreu wiederhergestellt. Sie können leider nicht besichtigt werden.

3,5 km weiter landeinwärts und stets dem immer schmäler werdenden Wasserarm folgend, schmückt die Marina Dubrovnik ein weiterer Palast, das Sommerhaus **Sorkočević.** Hier dürfen Besucher im nach Renaissancemode angelegten Garten spazieren. Zur romantischen Szenerie gesellt sich die dramatische Landschaft mit ihren fast senkrecht aufsteigenden Felswänden.

Die Tour nähert sich nun dem Talschluss mit der **Ombla-Quelle [J8],** 1,6 km weiter an der Put izvora. Der Fluss entspringt nur knapp 40 km entfernt, verschwindet dann unter der Erde und tritt hier wieder

Touren in Süddalmatien

Tour

Ins Neretva-Delta

Ploče › Rogotin › Kula Norinska › Metković › Vid (Narona) › Metković › Duboka › Neum › Ston

Tour

Radeln auf der Insel Mljet

Polače › Govedari › Pomena › Soline › Pristanište › Polače

Tour 11: An der Rijeka Dubrovačka **Süddalmatien**

ans Tageslicht. Auf einer Breite von 8 m bricht er aus den Felsen.

Auf der Nordseite des Wasserarms folgt nun ein besonders malerisches Örtchen, **Rožat** [J8], mit seinem imposanten Franziskanerkloster. Gehen Sie hinauf zur Kirche **Velika Gospa** (12. Jh.), die nach dem Erdbeben im 17. Jh. in üppigem Barock gestaltet wurde. Die Nordküste der Rijeka Dubrovačka ist dicht besiedelt, doch dazwischen sind immer wieder verfallene oder umgebaute Adelspaläste auszumachen. Bei km 11 wieder an der Brücke, kann man die Tour entweder beenden oder aber 14 km nach Norden zum schönsten und eindrucksvollsten Palazzo in **Trsteno** 15 › S. 143 weiterfahren. Auf direktem Weg über die Tuđman-Brücke kehren Sie nach Dubrovnik zurück.

Tour 11

An der Rijeka Dubrovačka

Dubrovnik/Hafen Gruž › Rijeka Dubrovačka › Arboretum Trsteno › Tuđman-Brücke › Dubrovnik

Tour 12

Durchs Konavle-Tal

Dubrovnik › Cavtat › Čilipi › Molunat › Dubrovnik

Durchs Konavle-Tal

Route: Dubrovnik › Cavtat › Čilipi › Molunat › Dubrovnik

Karte: Seite 122
Länge/Dauer: 93 km, 1 Tag
Praktische Hinweise:
- Starten Sie früh an einem Sonntag, dann können Sie die Folkloretänze in Čilipi um 11.15 Uhr sehen.
- Badesachen nicht vergessen – in Molunat lockt ein schöner Strand.

Tour-Start:

Von Dubrovnik (Ploče-Tor › S. 138) führt die Tour auf der D 8 nach Südosten. Zunächst lohnt ein Blick auf die **Lazareti**, einstige Quarantänebaracken, in denen Reisende ausharren mussten, bevor sich die Tore Ragusas für sie öffneten. Heute dienen die Gebäude als Kulturareal (www.lazareti.com). Dann geht's auf der D 8 allmählich bergauf und am Hang des Küstengebirges entlang, wo sich immer neue, fantastische Aussichtspunkte auf die Altstadt aneinanderreihen. Nach 9 km passiert man die Bucht von **Srebreno** [J8] an der Dubrovniker Riviera. Hier und in den folgenden Badeorten sind die Spuren des Balkankriegs unübersehbar, und viele Ferienhotels an diesem früher so beliebten Küstenstrich stehen leer. Der idyllische Badeort **Cavtat** 16 › S. 143 hingegen hat sich von den Kämpfen erholt.

Am Flughafen von Dubrovnik vorbei erreicht man 7 km weiter das Dorf **Čilipi** [K8], dessen Bewohner im Sommer sonntags nach dem Kirchgang gegen 11.15 Uhr vor der Kirche Sv. Nikola Folkloretänze vorführen. Gleichzeitig verkauft ein kleiner **Markt** Produkte der Region, darunter auch die ! berühmten Seidenstickereien aus dem Konavle.

An den anderen Wochentagen bietet das Museum **Zavičajni muzej Konavala** ein interessantes Alternativprogramm, denn hier wird u. a. ein typischer Konavle-Bauernhof anschaulich erläutert (Beroje 49, Di bis Sa 9–16, So 9–13 Uhr). Konavle heißt das fruchtbare, 25 km lange Tal zwischen Cavtat und der Grenze zu Montenegro, aus dem früher Ragusa und heute Dubrovnik einen Großteil seines Obst- und Gemüsebedarfs deckt.

Diesem 10 km nach Südosten folgend und dann nach links abbiegend, bietet sich 2 km weiter die Gelegenheit, im Gasthof **Konavoski dvori** [K8] die Spezialitäten der Region zu verkosten, u. a. Forellen und Wild (20217 Ljuta, Tel. 020 79 10 39, www.esculaprestaurants.com, €€). Nach dem Essen führt ein Spaziergang auf schattigen Pfaden durch die üppig grüne, von Wasserläufen durchzogene Landschaft, wo einst Wassermühlen klapperten.

12 km sind es dann noch zum Badeort **Molunat** [K8], ehemals südlichster Punkt der Ragusaner Einflusssphäre. Heute warten v. a. Ferienwohnungen und Campingplätze auf Gäste. Vor der Rückkehr lohnt hier noch eine Badepause. Auf der D 8 nach Nordwesten geht es dann 43 km zurück nach Dubrovnik.

Halbinsel Pelješac **Süddalmatien**

Unterwegs in der Region

Halbinsel Pelješac [G7–H7]

An der 66 km langen und bis zu 7 km schmalen Halbinsel Pelješac endete der Einfluss Venedigs auf die südliche Adria. Hier begann das Gebiet des Stadtstaates Ragusa, des heutigen Dubrovnik, das sich die Serenissima durch kluge Bündnispolitik, aber auch durch hohe Tributzahlungen vom Hals zu halten wusste. Pelješac wäre wie Hvar eine Insel, gäbe es da nicht eine schmale Landenge, die es im Osten mit dem Festland südlich des Neretva-Deltas (› **Tour 9 S. 118**) verbindet. Nicht viel breiter ist die Wasserstraße, die Pelješac von Korčula trennt.

Wein, Austern, Salz, Strände – auf diesen Säulen ruht die Wirtschaft der fruchtbaren Halbinsel.

Ston 1 [H7]

Die bereits in römischer Zeit bestehende Siedlung und ihr Nachbarort Mali Ston sind seit dem 14./15. Jh. durch eine der längsten **Festungsanlagen** ⭐ Europas miteinander verbunden. Mit dem Bollwerk aus sieben Bastionen, drei Kastellen, 41 Türmen und einem Wassergraben rund um Ston ließ Ragusa, das Pelješac 1334 erworben hatte, die Halbinsel und damit auch die Salzgärten von Ston zum Festland (und der Konkurrentin Venedig) hin abriegeln. Heute stehen noch 5 km der einst 7 km Festungsmauern. Besucher, die dieses Verteidigungswerk begehen, sind nicht nur von dessen Massivität beeindruckt, sondern sie profitieren auch von tollen Fotoperspektiven auf die beiden Städtchen und die Salzgärten (Zugangspunkte in Ston und Mali Ston, http://city

Panoramablick auf Mali Ston von der imposanten Festungsmauer

wallsdubrovnik.hr, April, Mai, Aug., Sept. tgl. 8–18.30, Juni, Juli 8–19.30, Okt. 8–16, Nov.–März 9–15 Uhr).
50 Dinge (46) › **S. 17**.

Stons **Meerwassersaline** bestand ebenfalls bereits in römischer Zeit und brachte Ragusa viel Geld ein – nicht umsonst bemühte sich die Stadtrepublik so heftig um deren Schutz. Bis heute wird das Salz durch Verdunstung gewonnen und im Juli/August manuell »geerntet«. Die Verdunstungs- und Kristallisationsbecken bewahren zugleich eine seltene, salzliebende Flora und Fauna, zu der auch Vögel gehören. Der Betreiber baut Teilbereiche der Saline mit den alten Salzlagerhäuschen zu einem Open-Air-Museum aus (Pelješki put 1, www.solanaston.hr, Sommer tgl. 10–18 Uhr).

Die **Altstadt** von Ston ist eine Mini-Ausgabe der Mutterstadt Dubrovnik. Die Placa genannte Hauptstraße säumen Häuser in einheitlicher Renaissancearchitektur, es gibt einen Rektorenpalast, *Knežev dvor*, eine Rolandssäule und den Uhrturm. **Mali Ston** an der Meerenge dem Festland gegenüber besteht vor allem aus einigen Restaurants, denn in den Gewässern der Bucht Malistonski kanal gedeihen Austern und Muscheln, die Feinschmecker aus allen Teilen Dalmatiens anziehen.

Info
TZ Ston
- Pelješki put bb | 20230 Ston
  Tel. 020 75 44 52 | www.ston.hr

Hotel
Ostrea €€
Eines der Restaurants in Mali Ston fungiert auch als kleines Mittelklassehotel. Schöner Blick über die Austern- und Muschelbänke.
- Mali Ston | Tel. 020 75 45 55
  www.ostrea.hr

Restaurant
Bota Šare €€€
Das schickste unter den Muschel- und Austernrestaurants in Mali Ston: ❗ Man speist Fisch und Meeresfrüchte von tadelloser Frische.
- Marina Držića 1 | Mali Ston
  Tel. 020 75 44 82 | www.bota-sare.hr

SEITENBLICK

Pelješac-Wein
Die Halbinsel bringt mit die besten Weine Kroatiens hervor. Anbau und Pflege der Reben sind beschwerlich und viele Lagen sehr steil, sodass die Winzer nur von Hand arbeiten können. Bevorzugt pflanzen sie an den Südhängen die Rebe Plavac mali, aus der sie den **Dingač** keltern. Der schwere Rote entwickelt sich erst nach einigen Jahren zur vollen geschmacklichen Blüte mit Aromen nach Beeren und einem Alkoholgehalt von 13–15 %. Leichter und jünger schmecken die ebenfalls aus der Traube gekelterten **Plavac-, Pelješac-** oder **Postup-Weine**. Unter den Weißen erfreut sich der **Rukatac** aus der Malvazija-Rebe großer Beliebtheit.

Entlang der Weinstraße von Ston nach Orebić bieten sich mehrere Verkostungsmöglichkeiten direkt bei den Erzeugern.

Karte S. 122

Halbinsel Pelješac   **Süddalmatien**

Von Ston nach Orebić

Die Hauptstraße über die Halbinsel schlägt einen kleinen, südwärts gerichteten Haken an die malerische Bucht von **Prapratno** 2 [H7]. Dann geht's westwärts, durch Kiefernwälder und vorbei an Olivenhainen und Weinpflanzungen (hier lohnt ein kleiner Umweg zur Kellerei von Frano Miloš › **rechts**) und stetig hügelauf und hügelabwärts bis **Dubrava** 3 [H7], wo sich ein Abstecher nach Westen nach **Žuljana** 4 [H7] empfiehlt. Von Kiesstränden, Fels und Strandkiefern gesäumte Buchten laden dort zu einem Sprung ins kristallklare Meer.

16 km weiter lockt in dem Winzerdorf **Potomje** 5 [H7] ein kleines Abenteuer: Der Weg der Weinbauern von ihren Dörfern zu den Weinterrassen an der Südküste war lang, und so gruben sie kurzerhand einen Tunnel durch den Hügelrücken. Unbeleuchtet und schmal, führt er von Potomje nach Süden, und auch die Straße hinunter zum Meer ist nicht gerade gut ausgebaut. Aber die Landschaft ist fantastisch, und der Blick reicht bei klarer Sicht bis zur Insel Mljet im Südosten und im Südwesten bis Korčula. Auf der Küstenstraße hält man sich nun, an Weinhängen entlang, nach Nordwesten und erreicht nach weiteren 12 km Orebić.

Wie aus dem Bilderbuch: Prapratno

schattigen Terrassen, zu Füßen ein herrlicher Kiesstrand.
- Prapratno | Ston | Tel. 020 75 40 00
  www.duprimorje.hr

Wein
Vinarija Miloš
Frano Miloš zählt zu den charismatischen Winzern des Pelješac; vielfach prämierter Spitzenwein Stagnum. Eine Verkostung muss verabredet werden.
- Ponikve 15 | 20230 Ston
  Tel. 020 75 30 98 | http://milos.hr

Aktivitäten
Diving Centre Žuljana
Tauchkurse, Tauchgänge und Ausrüstungsverleih. Die Eigentümer vermieten auch nett eingerichtete Apartments.
- Žuljana bb | 20247 Žuljana
  Tel. 020 75 61 08
  www.divingcentrezuljana.com

Orebić 6 [G7]

Die alte Hafenstadt an der Südwestküste liegt der Nachbarinsel und -stadt Korčula direkt gegenüber. Früher ließen sich hier verdiente Kapitäne nieder, um sich den Le-

Camping
Camp Prapratno €
Allein wegen der tollen Lage zu empfehlen – natürlich möglichst in der Vor- oder Nachsaison. 960 Stellplätze auf

Süddalmatien — Halbinsel Pelješac

bensabend mit einem wunderbaren Panorama zu verschönern; heute locken Sandstrände und die besonderen Windverhältnisse an der Meerenge **Orebićki kanal** Sommerurlauber und Windsurfer an. Man kann sich aber immer noch gut vorstellen, wie die Seebären nach einem Leben auf dem Meer den Ruhestand in den repräsentativen Villen mit üppigen Vorgärten genossen. Ein kleines **Museum** (Pomorski muzej) beschwört die große Epoche der Seefahrt (Trg Mimbelli, Juni–Sept. Mo–Fr 7–20, Sa, So 16 bis 20, Winter Mo–Fr 7–15 Uhr).

Das Kloster **Gospe od anđela**, 150 m oberhalb des Ortes, gründeten Franziskanermönche im 15. Jh., die Kirche im Mischstil von Gotik und Renaissance kam etwa 100 Jahre später hinzu. Die **Loggia** vor der Pforte des Konvents fungierte als Versammlungsort der Orebićer und eröffnet heute Besuchern ❗ einen wunderbaren Ausblick auf die Inseln der Südadria. Auch Korčula ist gut zu erkennen, und das war wohl auch der Grund für den Klosterbau. Es diente der Republik Ragusa als Spionagenest, von dem aus das venezianische »Feindesland« vollständig überwacht werden konnte.

Die westlichen Nachbarorte Kučište und Viganj sind fest in der Hand der Windsurfgemeinde. In und um **Viganj** 7 [G7] trifft sich die Szene auf Campingplätzen und in Beach Bars zum Erfahrungsaustausch. Und fast immer düsen die bunten Segel der Windsurfer und die Drachen der Kitesurfer vor der buchtenreichen Küste auf und ab.

Info
TZ Orebić
- Zrinsko Frankopanska 2
  20250 Orebić
  Tel. 020 71 37 18
  www.visitorebic-croatia.hr

Unterkunft
Boutique Hotel Adriatic €€€
Zimmer und Suiten in einem eleganten Haus aus dem 17. Jh. Ein perfekter Retreat – allerdings »adults only«!
- Šet. kneza Domagoja 8 | Orebić
  Tel. 020 71 44 88
  www.hoteladriaticorebic.com

Bellevue €€
Nach frischem Facelifting ein sehr empfehlenswertes, schickes Strandhotel mit Pool und Kiesstrand.
- Šet. kralja Petra Krešimira IV 13
  Orebić | Tel. 020 713193
  www.orebic-hotels.hr

Camp Antony Boy €
Das Camp am Strand steht ganz im Zeichen des Wind- und Kitesurfens; die angeschlossene Schule bietet Kurse an und verleiht Ausrüstung. Auch Vermietung von Mobile Homes, Zelten und Apartments.
- Viganj 226 | Orebić
  Tel. 098 34 49 05
  http://antony-boy.com

Restaurants
Kapetan Stari €€€
Im Restaurant des Boutique Hotel Adriatic › **oben** fühlt man sich wie auf dem Deck eines Schiffes; auf der Karte werden natürlich die Köstlichkeiten des Meeres angeboten – alles frisch und delikat zubereitet.

Karte S. 122

Insel Korčula **Süddalmatien**

Konoba Andiamo €€
Tische und Stühle im Pinienschatten am Meer und gute dalmatinische Küche sorgen für entspannte Stimmung.
- Šet. kneza Domagoja 28
  Orebić | Tel. 098 986 30 14

Panorama €€
Das einfache Restaurant oberhalb des Klosters Gospe od anđela › **S. 128** besucht man wegen des grandiosen Panoramas. Unbedingt einen Platz auf der Terrasse reservieren! **50 Dinge** ⑲ › **S. 14.**
- Zukovac-Bilopolje
  20250 Podgorje
  Tel. 020 71 41 70

Nightlife
Hookah Bar & Beach
Tagsüber Edelstrand, nachts Mottopartys mit DJs. Nur im Sommer geöffnet.
- Šet. kneza Domagoja 52
  Orebić | Tel. 091 124 42 06
  www.facebook.com/
  hookahbeachorebic

Insel Korčula ⭐ ⑨ [F–G7]

Nur ein 1,2 km breiter Kanal trennt Korčula von der Halbinsel Pelješac. Das rund 280 km² große Eiland, lang und schmal wie Pelješac, zählt wegen der malerischen Stadt Korčula und seiner herben Natur zu den großen Attraktionen Süddalmatiens. Während der Bruder im Norden besten Rotwein produziert, sind die Winzer auf Korčula stolz auf ihren weißen **Grk**. Die reich gegliederte Küste bietet keine kilometerlangen Strände, sondern intime Felsbuchten – ein Paradies für Nautiker, die hier und dort Anker werfen. Interessant sind die seit Jahrhunderten bewahrten Schwerttänze wie die *kumpanija*, die an die Bekämpfung der osmanischen Angreifer erinnern. Und im Jahr 1254 soll ein gewisser **Marco Polo** auf dieser Insel geboren worden sein › **S. 19**. Später kam er als Chinareisender zu Weltruhm.

Mit dem Schwerttanz *moreška* erinnert Korčula-Stadt an die Kämpfe mit den Osmanen

Korčula-Stadt 8 ⭐ [G7]

Eine Halbinsel, geformt wie ein Schiffsbug, darauf ein venezianisches ummauertes Städtchen und an dessen höchstem Punkt die Piazza mit Kathedrale, Campanile und Rektorenpalast. Korčula-Stadt könnte eine geschickte Inszenierung kroatischer Touristiker sein, aber nein: Alles echt!

Griechen, Römer, Byzanz, Einwanderung von Slawen und schließlich um das Jahr 1000 der Zugriff Venedigs, das nach einem Intermezzo unter kroatischer Königsherrschaft Korčula schließlich ab 1420 ganz für sich gewann. Die Serenissima hat die Stadt architektonisch geprägt; Paläste, Kirchen, Festungsmauern und Stadttore sind in der wirtschaftlichen Blüte unter Venedigs Herrschaft entstanden.

Zugang zur Altstadt gewährt das Landtor **Veliki Revelin** aus dem 13. Jh. mit einem Markuslöwenrelief. Dahinter erhebt sich links das **Rathaus** (1525) mit schattigen Renaissancearkaden und ihm gegenüber die barocke Kirche **Sv. Mihovil.** Von hier führt die Hauptstraße, die Ulica Korčulanskog statuta 1214, schnurgerade von Süd nach Nord über die Halbinsel. Die links und rechts abzweigenden Gassen spreizen sich, aus der Luft betrachtet, wie Rippen von der Hauptachse zum Meer. Am **Trg Sv. Marka**, dem Markusplatz, erreicht die Straße ihren höchsten Punkt. Hier sind die schönsten Bauten versammelt.

Die Kathedrale **Sv. Marka** ist Venedigs Stadtpatron geweiht. Im gotischen Stil um 1420 erbaut, erhielt sie von dem aus Mailand stammenden Meistersteinmetz Bonino ihr eindrucksvolles Portal mit den beiden von Adam und Eva getragenen Löwen links und rechts. Im Inneren beeindruckt das von Marko Andrijić aus Korčula geschaffene Ziborium und über dem Hauptaltar ein Tafelbild des jungen Tintoretto. Die Besteigung des Campanile belohnt mit einem Blick über die Altstadt mit ihrer besonderen Anlage auf der Halbinsel (Juli, Aug. tgl. 9–19 Uhr, sonst nur zur Messe).

Im ehemaligen **Bischofspalast** nebenan zeigt das Bistum Korčula die sakralen Schätze, die die Kirche im Lauf der Jahrhunderte zusammengetragen hat. Sehenswert ist aber auch die Architektur des Renaissancepalasts, darunter ein spätgotisches Biforienfenster (Opatska Riznica, Juni–Sept. 9–19 Uhr).

Schräg gegenüber zeigt das Stadtmuseum **Gradski muzej** im imposanten Renaissancepalast Gabrieli aus dem 16. Jh. verschiedenste Exponate zur Stadtgeschichte. Gleich im Erdgeschoss steht die Kopie einer Stele, auf der alle griechischen Kolonisten verzeichnet sind, die Korčula im 4. Jh. v. Chr. gründeten. Eine Abteilung beschäftigt sich mit der besonderen Rolle der Steinmetze von der Insel, eine andere mit der Bedeutung des Schiffsbaus (Juli–Sept. tgl. 9–21, April, Mai, Juni 10–14, Okt.–März 10–13 Uhr). Auch die Fassade des spätgotischen Palasts Arneri nebenan ist sehenswert.

Zwei Querstraßen weiter steht in der Ulica Depolo das angebliche **Haus Marco Polos** bzw. der spätgoti-

Karte S. 122

Insel Korčula **Süddalmatien**

sche Turm des Hauses, in dem die Familie Depolo gelebt haben soll › **S. 19**. Interessant ist eigentlich nur der Blick von der oberen Etage über die Stadt (Kuča Marka Pola, Mai bis Okt. tgl. 9–14 Uhr). › **auch Special Kinder S. 31**.

Beim Bummel durch die Seitengassen oder um die Halbinsel sind noch Reste der Verteidigungsanlage zu sehen. Das Hotel Korčula, heute ein komfortables Boutiquehotel, war 1912 die erste Unterkunft für Feriengäste in der Stadt.

Alte Steinbrücke in Korčula-Stadt

Info

TZ Korčula
- Obala dr. Franje Tuđmana 4
  20260 Korčula-Stadt
  Tel. 020 71 57 01 | www.visitkorcula.eu

Hotels

Korčula De La Ville €€€
Schickes Altstadthotel mit toller Lage an der Riva, einer traumhaften Terrasse und modernem Komfort.
- Obala dr. Franje Tuđmana 5
  Korčula-Stadt | Tel. 020 726336
  www.korcula-hotels.com

Tara's Lodge €€€
❗ Helle, moderne Bungalows mit großen Glasfronten, üppiges Frühstück und das Meer vor der Nase.
- Žrnovska Banja 712 | Korčula-Stadt
  Tel. 020 72 15 55
  www.taraslodge.com

Maria's Place €
Freundliche Gästezimmer in der Altstadt.
- Ul. Antuna Rozanovića 1
  Korčula-Stadt | Tel. 098 165 59 14
  www.mariasplacekorcula.com

Restaurants

LD Terrace €€€
Das Restaurant des Superluxushotels Lešić Dimitri Palace empfiehlt sich für ❗ einen romantischen Gourmetabend an Tischen am Meer oder im orientalisch dekorierten Restaurant. Dalmatinische Gerichte, raffiniert modernisiert, dazu die besten Weine Dalmatiens!
- Šet. Petra Kanavelića bb
  Korčula-Stadt | Tel. 020 60 17 26
  http://ldrestaurant.com

Filippi €€
Gehobene Küche, ohne exaltiert zu sein. Leider sitzt man an den Tischen draußen quasi auf der Straße, aber alles ist von exzellenter Qualität und Frische.
- Šet. Petra Kanavelića | Korčula-Stadt
  Tel. 020 71 16 90
  http://restaurantfilippi.com

Nonno €€
Sympathisch, traditionell und hübsch an der Riva unter schattigen Bäumen gelegen – Nonno ist sehr beliebt, daher unbedingt reservieren.
- Ul. od teatra 12 | Korčula-Stadt
  Tel. 020 71 56 72

Nightlife

Massimo

Die Bar auf dem Zakerjan-Turm am Nordende der Altstadt ist der ideale Ort für den Sonnenuntergang. Aber Vorsicht: Zur Terrasse führt nur eine steile Leiter!
- Šet. Petra Kanavelića 1 | Korčula-Stadt
  Tel. 098 191 35 38

Shopping

Electric Ladyland Design Shop

Schmuck und Mode kroatischer Designer, darunter Kultschuhe von Magdalena Klašnja und witziger Recycling-Schmuck von Đuved.
- Ul. Depolo 11 | Korčula-Stadt
  Tel. 091 200 00 48
  www.facebook.com/electricladylanddesign

Coral Shop Irena

Schmuck in traditionellem und modernem Design aus verschiedenen Meeresmaterialien, darunter auch Koralle.
- Ul. Korčulanskog statuta 1214 4
  Korčula-Stadt | Tel. 020 711994
  www.coralshop-irena.com

Alte Olivenölpresse aus Stein

Aktivitäten

Dupin Dive Centre

Tauchkurse und Exkursionen, angeleitet von erfahrenen Instruktoren.
- Ronilački Centar | Korčula-Stadt
  Tel. 020 71 13 42
  www.croatiadiving.com

Lumbarda 9 [G7]

Der hübsche Ort ist bekannt für hervorragende Weißweine, deren Reben den sandigen Untergrund im Südosten der Insel schätzen. Mehrere Winzer keltern diesen **Grk** (Aussprache *gerk*) und lassen Besucher gern verkosten. Die Beschaffenheit des Bodens hat einen weiteren Vorteil: Sandstrände. In den Buchten um Lumbarda sind sie, einmalig für Korčula, tatsächlich zu finden.

Restaurants

Agroturizam Zure €€

Sehr familiär und dazu sehr ländlich. Vieles wird selbst angebaut, und der Rest kommt von befreundeten Landwirten oder Fischern. Deftig und sehr gut.
- Lumbarda 239 | 20263 Lumbarda
  Tel. 020 71 20 08 | www.zure.hr

Gavuni €€

Fisch und Meeresfrüchte, einfach zubereitet, kein Chichi, dafür fangfrisch. Etwas Brot und Salat, dazu der Blick aufs Meer, und das Glück ist perfekt.
- Lumbarda 190 | 20263 Lumbarda
  Tel. 099 571 21 24

Pupnatska luka 10 ★ [G7]

Die tiefe Bucht an der Südküste zählt zu den schönsten Stränden der Insel. Ein breiter Kiesstreifen setzt sein Weiß gegen das Grün der um-

Insel Korčula **Süddalmatien**

liegenden Pinienwälder und das Blau der Adria. Parkplatz, Beach Bar und Konoba gestalten Anfahrt und Aufenthalt bequem.

Blato 11 [F7]

Berühmt ist dieser unscheinbare Ort für seine 2 km lange Lindenallee **Zlinje**, die sich wie ein grünes Dach über der Straße schließt.

Unterkunft
Aminess Lume €€
Modernes Hotel an der Südwestküste mit Privatstrand, Außenpool und All-inclusive-Angebot. Die Lage in einer malerischen Bucht ist einfach spektakulär.
- Brna bb
  20272 Smokvica
  Tel. 052 858 600
  www.aminess.com

Smokvica B&B €
Ein schön gelegenes altes Steinhaus, freundliche Zimmer mit Fernblick und bezaubernde Gastgeber.
- Smokvica 10 | 20272 Smokvica
  Tel. 091 118 75 79

Vela Luka 12 [F7]

Korčulas westliche Hafenstadt besitzt weitaus weniger Charme als das Puppenstubenstädtchen Korčula, doch die fruchtbare Umgebung, in der vorrangig Oliven gedeihen, ist reizvoll. Wer sich für die Ölherstellung interessiert, erfährt im Museum **Zbirka maslinarstva i uljarstva Zlokić** alles Wissenswerte und kann Olivenöle verkosten sowie kaufen (Tel. 098 929 50 73, Sommer Mo bis Fr 10–12, 18–20 Uhr, Voranmeldung erbeten).

Restaurant
Baltoni €–€€
Nett zu jeder Tageszeit: üppiges Frühstück, leckeres Eis und Kuchen, Pizze.
- Ulica 41 2 | 20270 Vela Luka
  Tel. 020 81 34 69

Strände

Die meisten Strände der Insel bestehen aus Kies oder Fels; nur um Lumbarda gibt es auch sandige Abschnitte. Lohnenswert sind Ausflüge mit dem Taxi-Boot auf vorgelagerte Inseln wie **Proizd** [F7] (Vela Luka) oder **Badija** [G7] (Korčula).

Dalmatien gratis

- Die **frühromanischen Kirchenfundamente** im Café Lovre in Zadar sind ohne Eintrittspreis zu sehen. › **S. 61**
- **Pozdrav suncu,** den Gruß an die Sonne in Zadar, zu bewundern oder gar zu testen ist kostenlos. › **S. 62**
- Oberhalb des Badeortes Makarska lässt sich die besondere Flora dieser Küstenlandschaft im **Botanischen Garten Kotišina** entdecken. Eintritt frei! › **S. 99**
- Der Eiserne Thron aus »Game of Thrones« – wer möchte nicht einmal darauf sitzen! Im **GoT-Centre** auf der Insel Lokrum kostet der Spaß keine Kuna. › **S. 142**
- Der Pavillon **Your Black Horizon** auf Lopud spielt mit der Wahrnehmung von Licht, und das ist für Besucher gratis. › **S. 146**

Dubrovnik [J8]

Sie gilt als »Königin der Ostadria«, als perfekt erhaltene Stadt der Renaissance und des Barock, als Paradebeispiel dafür, dass Macht nicht nur mit Mitteln des Krieges, sondern durch Geschäftssinn und Handelsgeschick erreicht werden kann, und nicht zuletzt als Top-Touristenziel Kroatiens: Dubrovnik (44 000 Einw.) spielt im an Kulturschätzen nicht armen Dalmatien in einer eigenen Liga und droht in den Sommermonaten, an diesem Ruf und am Erfolg buchstäblich zu ersticken. Immer wieder kommt es vor, dass die Tore geschlossen werden müssen, weil die Altstadt, in der immerhin noch 400 Bewohner versuchen, einen normalen Alltag zu leben, völlig überlaufen ist. Besuchen Sie diese marmorne Schönheit, die zum UNESCO-Welterbe zählt, auf keinen Fall im Juli oder August!

Dubrovnik liegt am Südzipfel Kroatiens, der kaum mehr ist als ein immer schmäler werdender, nur wenige Kilometer breiter, von Bosnien und Herzegowina begrenzter Korridor am Meer, und war in seiner Blütezeit so mächtig, dass es ungestraft wagen konnte, Venedig Paroli zu bieten. Mit dem oft feindseligen Hinterland, das viele Jahrhunderte Teil des Osmanischen Reiches war, verstand es die meiste Zeit, sich zu arrangieren. Dubrovnik wurde nie erobert, selbst nicht in dem furchtbaren Jahr des serbisch-jugoslawischen Granatenbeschusses während des Balkankriegs 1991/1992. Wenn, dann öffnete man die Tore lieber freiwillig, so 1205 für die verhasste Konkurrenz Venedig und 1808 für Napoleons Armee unter Marschall de Marmont. Beide Besatzer blieben nur kurz.

Dubrovnik unterteilt sich in vier Bereiche: die **Altstadt**, den vor dem Ploče-Tor gewachsenen Stadtteil **Ploče**, das durch einen Hügel davon getrennte Neustadt- und Hafengebiet **Gruž** und die Strand- und Hotelzone **Lapad**.

Geschichte

Wiege Dubrovniks war das im 3. Jh. v. Chr. von römischen Kolonisten gegründete Epidaurum (heute Cavtat › S. 143). Als die Völkerwanderung im 7. Jh. Awaren und Slawen an die süddalmatinische Küste schwemmte, wurde Epidaurum zerstört. Die Bewohner flüchteten auf eine dem Festland vorgelagerte Insel 15 km nördlich: den südlichen Teil der heutigen Altstadt

Diese neue Stadt, **Ragusa**, erwies sich bald als überaus erfolgreich im Seehandel. Sie mauserte sich zum Umschlagplatz für Produkte aus dem Hinterland wie Holz, Metalle und Waren, die auf Handelsschiffen aus dem Mittelmeerraum anlandeten. Bereits im 10. Jh. unternahm Venedig einen ersten Versuch, die Konkurrentin zu unterwerfen. Im 13. Jh. gelang es kurzzeitig, aber dabei blieb es. Die Ragusaner Stadtherren und ihr jeweils nur auf einen Monat gewählter Rektor sicherten der Stadt durch geschickt eingefädelte Allianzen und Tributzahlungen an Kroaten, Bosnier und Osmanen weitestgehende Autonomie.

Karte S. 137

Dubrovnik **Süddalmatien**

Der Große Onofrio-Brunnen in Dubrovnik

Im 15. Jh. ließ die Stadt die **Festungsmauern** erneuern und verstärken – sie sind bis heute vollständig erhalten trotz des verheerenden Erdbebens am 6. April 1667, das die Stadt weitgehend zerstörte. Nach dem Wiederaufbau jedoch stand Ragusa noch prächtiger und mächtiger da als zuvor. Erst der Einmarsch der Franzosen 1808 besiegelt das Ende der über 1000 Jahre währenden Eigenständigkeit der Stadtrepublik.

Altstadt ⑩

Ein Entrée als Machtdemonstration – genau das ist das westliche **Pile-Tor** (Vrata od Pile) Ⓐ. Es besteht aus einem äußeren Renaissancetor und einem inneren gotischen Zugang. Über beide wachen **Statuen** des Stadtpatrons Sv. Vlaho (St. Blasius) und der runde **Festungsturm Minčeta**. Die beiden Tore und den davor verlaufenden Wassergraben zu überwinden – das erschien unmöglich und war es auch.

Franziskanerkloster Ⓑ ★
Den Platz hinter dem Pile-Tor beherrscht eine eigenwillige, 16-seitige Konstruktion, der **Große Onofrio-Brunnen** Ⓒ aus dem Jahr 1438. Er bildet den Endpunkt einer Wasserleitung, die Baumeister Onofrio della Cava von einer außerhalb gelegenen Süßwasserquelle in die Stadt leitete. 16 Gesichter speien das Wasser ins Becken. Dem Brunnen gegenüber ist von der spätgotischen Fassade des Klosters nur noch das Portal mit einer Pietà im Tympanon erhalten – der Bau fiel dem Erdbeben 1667 zum Opfer.

Im **Franjevački samostan**, dem Franziskanerkloster, erwarten den Besucher ein spätromanischer **Kreuzgang** mit einem intimen kleinen Garten, ein **Museum sakraler Kunst** und eine **historische Apotheke**, die auf das 14. Jh. zurückgeht und deren Ausstattung vom Beginn des 20. Jhs. stammt (Placa 2, Sommer tgl. 9–18, Winter 9–14 Uhr). **50 Dinge** ⑩ › **S. 13.**

Placa/Stradun ⓓ

Die breite, schnurgerade verlaufende marmorgepflasterte Straße zwischen Pile-Tor und dem Marktplatz Luža verläuft auf dem zugeschütteten Meereskanal zwischen der ursprünglichen Insel, auf der die im 7. Jh. aus Epidaurum Geflohenen Schutz suchten, und dem Festland, wo damals schon eine illyrische Niederlassung bestand. Im 11. Jh. beseitigte man die Trennlinie zwischen den beiden Siedlungen, und nachdem das Erdbeben 1667 die alte Bebauung in Schutt und Asche gelegt hatte, entstanden entlang der Stradun neue Häuser in einheitlichem Stil und Größe. Die Einheimischen nennen ihre liebste Bummelstraße *placa* und werden nicht müde, zur Corso-Zeit am frühen Abend auf ihr entlang zu spazieren.

Luža ⓔ ★

Der Platz am östlichen Ende der 300 m langen Flaniermeile diente der Stadtrepublik als Marktplatz. 1418 ließ der Rat die **Rolandsäule** aufstellen. Sie würdigte den Paladin Karls des Großen als Retter Ragusas vor den Osmanen, diente als Flaggenmast und praktischerweise auch als Maßeinheit, denn des Ritters Unterarm misst genau eine ragusanische Elle (51,20 cm). Auf dem **Luža** genannten Gebäude mit Uhrturm (15. Jh.) schlagen »Maro« sowie »Baro« die Uhrzeit – die beiden Bronzefiguren von Michele di Giovanni (um 1480; die Originale sind im Rektorenpalast › S. 138) stellen römische Soldaten dar. Der **Kleine Onofrio-Brunnen** diente als Wasserspender für die Marktleute.

Sponza-Palast ⓕ ★

Die zierliche Fassade des ehemaligen Zollhauses im Mischstil von Gotik und Renaissance könnte ebenso gut in Venedig stehen. Der im 16. Jh. errichtete **Palača Sponza** diente als Münzstätte, Zolllager, Schatzkammer und Bank Ragusas. Heute residiert darin das Stadtarchiv. In den Räumen um den Innenhof sind Kopien einiger bedeutender Urkunden zu sehen, und ein Gedenkraum erinnert an die bei der Verteidigung Dubrovniks 1991/92 gefallenen Bürger (Sv. Dominika 1, Mai–Okt. 10–22, Winter 9–15 Uhr).

> **SEITENBLICK**
>
> **Game of Thrones**
>
> Längst ist es kein Geheimnis mehr – Dubrovnik war einer der wichtigen Drehorte der »Game of Thrones«-Saga. Eingefleischte Fans pilgern zu den Locations, an denen berühmte Szenen spielen, allen voran zur Festung Lovrijenac außerhalb der Stadtmauer beim Pile-Tor, von deren Plattform die Augen so manchem Kampf folgten oder wehmütige Blicke übers Meer schweiften, denn Lovrijenac sowie andere Ecken auf der Stadtmauer und in Dubrovnik stellen Königsmund dar, die Hauptstadt der Sieben Königreiche. »GoT in town« bedeutete jede Menge Statistenjobs und einen Imagegewinn für die Stadt. Führungen zu den Locations der Dreharbeiten haben Hochkonjunktur, und die Stadt hat sogar einen eigenen »GoT«-Prospekt herausgegeben.

Kirche Sv. Vlaho G

Das barocke Gotteshaus entstand im Jahr 1715 an der Stelle einer älteren, wohl romanischen Kirche. Im Inneren wirkt es erstaunlich klein, bedenkt man, dass die Kirche Sv. Vlaho (St. Blasius), Dubrovniks Schutzpatron, geweiht ist, dessen Fest am 3. Februar die Dubrovniker mit religiöser Inbrunst begehen.

Die hochbarocke Ausstattung entfaltet sich um die Silberstatue des Heiligen (15. Jh.) auf dem Hochaltar, der ein Modell Dubrovniks in der Hand hält (tgl. 7–12, 16–18 Uhr, im Aug. durchgängig geöffnet). Mehrere ähnliche Darstellungen sind zudem in Dubrovnik zu finden: als Relief am Pile-Tor › **S. 135** wie auch als Gemälde im Rektorenpalast › **S. 138** und im Dominikanerkloster › **S. 138**. Sie alle dokumentieren, wie Ragusa vor dem Erdbeben von 1667 aussah.

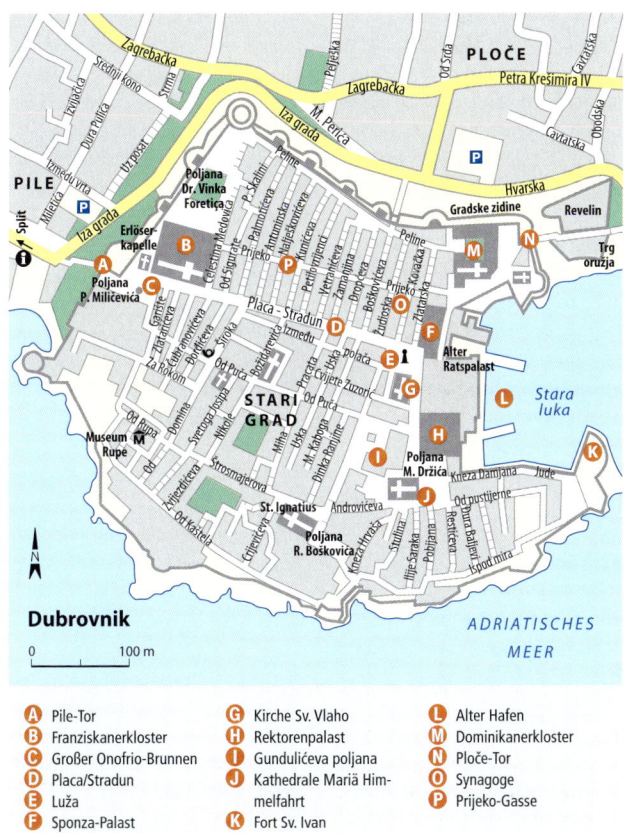

Dubrovnik

- A Pile-Tor
- B Franziskanerkloster
- C Großer Onofrio-Brunnen
- D Placa/Stradun
- E Luža
- F Sponza-Palast
- G Kirche Sv. Vlaho
- H Rektorenpalast
- I Gundulićeva poljana
- J Kathedrale Mariä Himmelfahrt
- K Fort Sv. Ivan
- L Alter Hafen
- M Dominikanerkloster
- N Ploče-Tor
- O Synagoge
- P Prijeko-Gasse

Rektorenpalast 🄷

Wie beim Sponza-Palast begeistert auch hier die Kombination spitzbogiger Gotikfenster und eleganter Renaissancearkaden. Der **Kněžev dvor,** in dem der für jeweils einen Monat gewählte Rektor quasi eingesperrt lebte – er durfte seine Räume nur zu offiziellen Festlichkeiten verlassen –, fiel mehrmals Explosionen des darin gelagerten Schießpulvers und Erdbeben zum Opfer. Der Rat der Stadt ließ ihn immer wieder aufbauen, wobei er den im 16. Jh. von Juraj Dalmatinac aus Zadar und Michelozzo Michelozzi aus Florenz geschaffenen Mischstil beibehielt. Durch einen intimen Innenhof und über eine Barocktreppe gelangt man in die als **Museum** gestalteten Räume der Rektorenwohnung und des Sitzungssaales in der ersten Etage. ❗ Gemälde, Mobiliar und Dokumente erwecken Ragusas Geschichte und das Schicksal seiner Rektoren zum Leben (Pred dvorom 1, www.dumus.hr, Sommer 9–18, Nov. bis März 9–16 Uhr). Schräg gegenüber führt eine Gasse zum Marktplatz **Gundulićeva poljana** 🄸. 50 Dinge ㊷ › S. 17.

Kathedrale Mariä Himmelfahrt 🄹

Bereits im 7. Jh. bestand hier ein Gotteshaus; die heutige Kathedrale **Uznesenja Marijina** wurde 1713 geweiht; sie ersetzte die beim Erdbeben zerstörte Vorgängerin. Barock, allerdings in einer lichteren, luftigeren Ausprägung als in Sv. Vlaho, ist die Ausstattung; der Flügelaltar hinter dem Hauptaltar stammt aus der Werkstatt Tizians. Sehenswert ist die **Schatzkammer** mit Preziosen, Gemälden und aufwendig geschmückten Reliquiaren wie dem Kopfreliquiar des Sv. Vlaho (Kneza Damjana Jude 1, Sommer Mo–Sa 9–16, So 11–16, Nov.–März Mo–Sa 9–12, 16 bis 17, So 11–12, 16–17 Uhr).

Fort Sv. Ivan 🄺

Als Teil des Mauer- und Festungssystems und Schutz für den Hafen entstand **Trđava Sv. Ivan** im 14. Jh. (im 15. Jh. erweitert). Vor der Besichtigung lohnt ein Blick vom Kai auf den **Alten Hafen** 🄻, Ragusas pulsierendes Handelsherz, mit dem ehemaligen Arsenal (heute Café und Restaurant). Zwischen Sv. Ivan und dem **Turm Sv. Luka** gegenüber versperrte eine Eisenkette ungebetenen Schiffen den Zugang zum Hafen. Heute starten Fährboote zur vorgelagerten Insel Lokrum › S. 142.

Zwei Attraktionen nutzen die Räume der Festung: das **Aquarium** mit einem Überblick über die Unterwasserfauna des Mittelmeers (Mai–Okt 8–19.30, Winter 10 bis 15 Uhr) und das **Seefahrtsmuseum,** das anhand von Modellen und Dokumenten über die Ragusaner Seefahrt informiert (Pomorski muzej, Di–So April–Okt. 9–18, Winter 9 bis 16 Uhr).

Dominikanerkloster 🄼

Von der Loža in Richtung **Ploče-Tor** 🄽, dem östlichen Stadteingang, passiert man linkerhand **Dominikanski samostan,** Kirche und Kloster der Dominikaner, das nach fast 200-jähriger Bauzeit ab 1225 im

Dubrovnik **Süddalmatien**

15. Jh. als Teil des Verteidigungssystems fungierte. Davon ist allerdings im von klösterlicher Stille und gotisch-renaissancener Steinmetzkunst geprägten **Kreuzgang** nichts zu spüren, vielmehr erscheint er als friedlichster Ort der Welt. In der Mitte erhebt sich ein von Palmen und Orangenbäumchen gerahmter zierlicher Brunnen. Das **Museum** besitzt eine eindrucksvolle Sammlung von Gemälden Dubrovniker Künstler aus dem 15. und 16. Jh., darunter auch ein Triptychon mit Sv. Vlaho von Nikola Božidarević vom Anfang des 16. Jhs. **50 Dinge** ㉚ › **S. 15**. (Sv. Dominika 4, März bis Dez. 9–18, Jan., Febr. 9–17 Uhr).

Synagoge

Die »Judengasse« Ulica Žudioska fungierte – zur Placa hin mit einem Tor abgeschlossen und im Norden an der Stadtmauer endend – ab dem 15. Jh. als jüdisches Ghetto Ragusas. Die 1408 fertiggestellte Synagoge, ein von außen unscheinbarer Bau, wurde mehrmals schwer beschädigt und zeigt heute einen Mischstil verschiedener Epochen (Žudioska 5, Mai–Okt tgl. 10–20, Winter Mo–Fr 10–15 Uhr). Parallel und etwas oberhalb der Placa verläuft die **Prijeko-Gasse** durch das nördliche Viertel. Ein Restaurant reiht sich hier ans andere, sodass der Blick auf die teils noch gut erhaltenen barocken Fassaden häufig verstellt ist. Hier und da ermöglichen die Restaurants aber auch einen Blick in verwunschene Innenhöfe.

Stadtmauer und Festungen

Knapp 2 km ist das Bollwerk lang, das Dubrovnik mit 4–6 m dicken Mauern zur Landseite und 1,5 bis 3 m breiten zur See hin sichert. Dazu kommen 16 Türme und fünf Festungen. Bereits im 9. Jh. war Ragusa so gut befestigt, dass eine osmanische Flotte unverrichteter Dinge wieder abziehen musste – allerdings

Die Altstadt von Dubrovnik ist vollständig von einer Wehrmauer umschlossen

half da auch die Fürsprache des Sv. Vlaho. Im 15./16. Jh. entstand dann das jetzige Bollwerk.

Dubrovnik kann man auf der Stadtmauer komplett umwandern und gewinnt dabei sowohl interessante Einblicke in die Verteidigungsanlagen und die Stadtstruktur als auch viele tolle Fotoperspektiven. Allerdings sollte man dies im Sommer nicht zur Mittagszeit tun – die Hitze ist extrem ermüdend (Zugang am Pile-Tor, an der Festung Sv. Ivan und in der Nähe der Kirche Sv. Luke im Osten, Rundgang gegen den Uhrzeigersinn, April, Mai, Aug., Sept. tgl. 8–18.30, Juni, Juli 8–19.30, Okt. 8–17.30, Nov.–März 9–15 Uhr).

Berg Srđ [J8]

Der 412 m hohe Berg über der Altstadt ist heute Symbol des Widerstands Dubrovniks gegen die Belagerung durch die jugoslawische Armee 1991/1992. Rund 60 Mann verteidigten vom Fort Imperial auf dem Gipfel aus die Stadt. Das Museum **Muzej domovinskog rata** würdigt den Kampf der Verteidiger und thematisiert insgesamt den Prozess, der schließlich zur Unabhängigkeit Kroatiens führte (April–Okt. tgl. 8–18, Winter 8–16 Uhr). Auch der Ausblick über die Altstadt vom Gipfel ist beeindruckend. Zu Fuß ist man in etwa 1 Std. oben, die **Seilbahn** (Žičara) benötigt wenige Minuten (Ul. kralja Petra Krešimira IV, Tel. 020 41 43 55, www.dubrovnikcablecar.com, Juni–Aug. tgl. 9 bis 24, Mai 9–21, Sept. 9–22, April, Okt. 9–20, Febr., März, Nov. 9–17, Dez., Jan. 9–16 Uhr).

Infos
TZ Dubrovnik
- Brsalje 5 | Pile | 20000 Dubrovnik Tel. 020 31 20 11
- Obala Ivana Pavla II 1 | Gruž 20000 Dubrovnik | Tel. 020 41 79 83 www.tzdubrovnik.hr

Unterkunft

Die Hotelpreise in Dubrovnik liegen deutlich über den durchschnittlichen Tarifen Dalmatiens. Im Folgenden ist auch jeweils der Stadtteil › **S. 134** angegeben.

Kazbek €€€
Eine Renaissancevilla als Boutique-Hotel, am Strand gelegen und eingerichtet mit antiken Möbeln. ❗ Für das besondere Wochenende!
- Lapadska obala 25 | Lapad Tel. 020 36 29 99 www.kazbekdubrovnik.com

The Pucić Palace €€€
Eine wunderbar romantische Unterkunft im Herzen der Altstadt mit allem Luxus, den man sich wünscht. Zwei Apartments und Zimmer im Nebengebäude können auch als Ganzes angemietet werden.
- Od Puča 1 | Altstadt Tel. 020 32 62 22 www.thepucicpalace.com

Aquarius €€
Gäste des ruhig in zweiter Reihe gelegenen Hotels haben es nicht weit zu den Stränden und kommen per Bus schnell zur Altstadt. Kürzlich renoviert, bietet es guten Komfort und einen schicken neuen Pool.
- Mata Vodopića 4a | Lapad Tel. 020 45 61 11 www.hotel-aquarius.net

Karte S. 137

Dubrovnik **Süddalmatien**

Karmen Apartments €€
Vier liebevoll und gemütlich eingerichtete Apartments unweit des Ploče-Tors mit Blick über den alten Hafen, dazu sehr persönliche und herzliche Betreuung.
- Bandureva 1 | Altstadt
  Tel. 020 32 34 33
  www.karmendu.com

Villa Micika €–€€
Einfache DZ und Mehrbettzimmer in einer freundlich geführten Pension.
- Mata Vodopića 10 | Lapad
  Tel. 020 43 73 32 | www.villamicika.hr

City Walls Hostel €
Das sympathische Hostel setzt auf eine Einrichtung in Türkis und Weiß, die eine fröhliche, mediterrane Atmosphäre vermittelt.
- Sv. Šimuna 15 | Altstadt
  Tel. 091 799 20 86
  www.citywallshostel.com

Restaurants

360° Restaurant €€€
Kleine Karte mit ausgewählten, sehr feinen internationalen Gerichten, dazu die Location in einem Festungsturm, auf dessen Plattform die Gäste im Sommer über den Hafen und die Altstadt blicken.
- Sv. Dominika bb | Altstadt
  Tel. 020 32 23 22
  www.360dubrovnik.com
  Nur abends geöffnet, Mo geschl.

Horizont €€
Neu, modern, innovativ und schick präsentiert sich das Interieur ebenso wie die Küche. Unbedingt reservieren!
- Put od Bosanke 8 | Ploče
  Tel. 099 697 67 29
  www.restaurant-horizont.com

Mit der Seilbahn auf den Berg Srđ

Nishta €€
Dubrovniks einziges vegetarisches und veganes Restaurant mit sehr guter und fantasievoller Küche.
- Prijeko 29 | Altstadt
  Tel. 020 32 20 88
  www.nishtarestaurant.com

Pantarul €€
Das moderne Bistrot ist bei den Einheimischen angesagt, denn hier werden Traditionsrezepte modern interpretiert.
- Kralja Tomislava 1 | Gruž
  Tel. 020 23 34 86 | www.pantarul.com

Ribar €€
Herzhaftes dalmatinisches Essen in einem Familienrestaurant, dessen Tische hintereinander aufgereiht einen schmalen Durchgang füllen. Trotz der Altstadtlage zivile Preise.
- Kneza Damjana Jude | Altstadt
  Tel. 020 32 31 94

Tavulin €€
Alt und Neu verbinden sich in diesem Bistrot nicht nur in der Einrichtung sondern auch im Speisenangebot, z. B. bei Graupenrisotto mit Scampi.

- Cvijete Zuzorić 1 | Altstadt
  Tel. 020 323977
  http://tavulin.hr

Nightlife

Art Cafe
Ideal für den Einstieg in den Abend, eingerichtet mit kreativ umgewidmetem Sperrmüll in poppigen Farben.
- Branitelja Dubrovnika 25 | Ploče
  Tel. 095 866 04 11

Matuško
Die Weinbar eines Winzers von Pelješac ist wie eine Höhle in Fels gehauen. Exzellente Auswahl an Roten und Weißen.
- Prijeko 6 | Altstadt
  Tel. 099 807 08 02

Revelin
Angesagter Klub für House und Elektro in der Festung Revelin.
- Sv. Dominika 3 | Altstadt
  www.clubrevelin.com

Shopping

Museumsshop im Sponza-Palast
Hier bekommen Sie Repliken historischer Urkunden und Pläne aus dem Stadtarchiv. › **Sponza-Palast S. 136**

Dubrovnik City Shop
Eigenwillige Kombination: Hier gibt's GoT-Memorabilia, darunter ein Duplikat des Eisernen Throns, und Sonnenbrillen von Goodwood.
- Boškovićeva 7 | Altstadt
  Tel. 098 900 68 60
  www.dubrovnikcityshop.com

Märkte: In der Altstadt täglich **Markt** auf der **Gundulićeva poljana**, Obst, Gemüse und kulinarische Souvenirs.

Der große **Fisch-, Fleisch-, Gemüse- und Obstmarkt** findet tgl. am Hafen Gruž statt. ❗ Hierher kommen Bauern und Fischer mit allerfrischesten Waren.

Aktivitäten

Kajaktouren
Viator organisiert verschiedene Kajaktouren mit kleinen Gruppen, darunter eine Fahrt von der Altstadt um die Insel Lokrum › **unten** (Buchung online über www.viatorcom.de).

Ausflug zur Insel Lokrum 14 [J8]

Die einen knappen Quadratkilometer große und dicht bewaldete Insel vor Dubrovniks altem Hafen diente bereits als Sitz eines Franziskanerklosters, eines französischen Forts, einer Habsburger Sommerresidenz und ist heute das Zentrum des »Game of Thrones«-Kultes › S. 136 in Dubrovnik. Das **Game-of-Thrones-Centre** im einstigen Konvent gibt viel Interessantes zu den Dreharbeiten preis und ist im Besitz des original Eisernen Throns der Baratheon-Könige. ❗ Man darf auf ihm Platz nehmen (tgl. 11–19 Uhr).

Abgesehen von den Königen, Drachen und Untoten des GoT-Universums ist Lokrum allem voran eine idyllische Badeinsel mit beschatteten Felsbuchten, in denen Treppen oder Leitern den Weg ins Wasser erleichtern. **50 Dinge** ㊼ › **S. 17**. Boote setzen Passagiere je nach Saison stündlich oder häufiger über (Infos unter www.lokrum.hr, Fahrtdauer ca. 10 Min.).

Arboretum Trsteno, Cavtat **Süddalmatien**

Arboretum Trsteno 15 ⭐ [J8]

Die im 15. Jh. an einem steilen Hang erbaute Adelsvilla mit Garten, der über Terrassen bis zu einem kleinen Kai am Meer hinunterklettert, ist ein unendlich romantisches und ungemein bezauberndes Anwesen. Die Dubrovniker Familie Gučetić-Gozze empfing hier Gäste aus Wirtschaft, Politik, Literatur und Philosophie zu Gesprächen, Festen und Verhandlungen. Exotische Pflanzen vereinen sich zu einem schattigen Blätterdach, in barocken Brunnen plätschert Wasser, und im Blau des Meeres spiegeln sich die Silhouetten der Elaphitischen Inseln. Ein kleines Buchsbaumlabyrinth bereitet nicht nur Kindern Freude (Potok 20, 20233 Trsteno, Mai–Okt. tgl. 8–19, Winter 8–16 Uhr).

Cavtat 16 ⭐ [K8]

Die Altstadt von Cavtat (2000 Einw.) schmiegt sich in eine Bucht, die sie mit ihren grünen Ausläufern und Halbinseln regelrecht umarmt. Hier begann um das 3. Jh. v. Chr. Ragusas Geschichte mit der griechischen Kolonie Epidaurum. Etwa 1000 Jahre später gaben die Griechen Epidaurum unter dem Ansturm von Slawen und Awaren auf und gründeten Dubrovnik. Im 14. Jh. kehrten die Nachfahren zurück: Die 25 verdientesten Adelsfamilien Ragusas erhielten Grund und Boden an der schönen Bucht. Sie errichteten Sommervillen, und daraus entwickelte sich das heutige Cavtat.

Lage und Stimmung sind bezaubernd, nur Sehenswürdigkeiten gibt es kaum: ein zierlicher **Rektorenpalast,** die oft verschlossene Kirche **Sv. Nikola,** deren Schätze in der Pinakothek nebenan meist ebenfalls

Das Städtchen Cavtat schmiegt sich im Halbbogen um die Luka-Bucht

Süddalmatien Cavtat

nicht zugänglich sind, und das Haus des Malers **Vlaho Bukovac** (1855 bis 1922), dessen Werk zwischen Impressionismus und Jugendstil changiert (Bukovičeva 5, Mai–Okt., Di bis Sa 9–13, 16–20, So 16–20, Winter Di–Sa 9–13, 14–17, So 14 bis 17 Uhr). Auf einem Hügel über der Stadt thront das **Račić-Mausoleum**, das der Bildhauer Ivan Meštrović 1922 für Familie Račić als pompöses Grabmal errichtete (Sommer Mo–Sa 10–17 Uhr).

Cavtat ist v. a. als Badeort beliebt und als Standort eines einzigartigen Unterwasser-Museums, eines **antiken Amphorenlagers;** auch zwei Schiffswracks aus griechischer Zeit werden betaucht. In der Umgebung lockt das ländlich-fruchtbare Idyll des **Konavle-Tals** mit Mühlen und Dörfern, deren Bewohner wie in Čilipi noch die traditionellen Tänze pflegen › **Tour 12 S. 124**.

Info
TZ Cavtat
- Zidine 6 | 20210 Cavtat
  Tel. 020 47 90 25
  https://visit.cavtat-konavle.com

Hotels
Cavtat €€€
Das äußerlich unscheinbare Haus an der Tiha-Bucht überrascht mit geschmackvoll eingerichteten Zimmern, einem Infinitypool und eigenem Strand.
- Tiha 8 | Cavtat |Tel. 020 20 20 00
  www.hotel-cavtat.hr

Supetar €€€
Das kleine, intime Stadthaus an Cavtats Promenade ist elegant eingerichtet.
- Obala Ante Starčevića 27 | Cavtat
  Tel. 020 47 98 33
  www.adriaticluxuryhotels.com

Restaurants
Leut €€€
Das Restaurant mit Tischen am Wasser gilt als eines der besten der Region. Beliebt ist das Risotto.
- Tumbićev put 11 | Cavtat
  Tel. 020 47 84 77
  www.restaurant-leut.com

Ciparis €€
Das versteckt an der Tiha-Bucht gelegene Restaurant ist nicht leicht zu finden, bietet aber eine exzellente Küche.
- Tiha bb | Cavtat | Tel. 098 28 51 67

Kamen mali €€
In der hübsch an der Uferpromenade gelegenen Cocktailbar bekommen Sie auch kleine Snacks.
- Obala Ante Starčevića 16 | Cavtat
  Tel. 095 333 55 22

Aktivitäten
Epidaurum Diving
Die Tauchschule besitzt die Lizenz zum Betauchen der antiken Wracks und hütet den Schlüssel zum Amphorenlager.
- Šetalište Žal (beim Hotel Epidaurus)
  Cavtat | Tel. 098 80 24 42
  www.epidaurum.com

Elaphitische Inseln ⭐ [J8]

Der Archipel aus zehn unbewohnten Eilanden und den drei besiedelten Inseln Koločep, Lopud und Šipan erstreckt sich wie eine Kette

Karte S. 122

Elaphitische Inseln **Süddalmatien**

aus größeren und kleinen grünen Tupfern zwischen Pelješac und Dubrovnik. Ragusaner Adelige besaßen hier ihre Sommervillen und ließen Gemüse und Obst für die Stadtrepublik anbauen. Schon lange vorher hatten auch Griechen, Römer und schließlich Kroaten die Elaphiten zur Heimstatt gewählt.

Heute leben nur noch wenige Menschen auf den Inseln; umso bevölkerter sind deren Buchten und Strände im Sommer, wenn Tagesausflügler aus Dubrovnik anlanden. Doch die sind am späten Nachmittag wieder weg, und die Inseln fallen in beschauliche Ruhe zurück.

Koločep 17 [J8]

Die Dubrovnik am nächsten gelegene Insel bewohnten zur Blütezeit der Ragusaner Seefahrt 2000 Menschen; 37 Schiffe lagen hier regelmäßig vor Anker. Heute vermieten die rund 160 Koločeper Ferienwohnungen an Touristen. Fels- sowie Kiesstrände und schöne Wanderwege entlang der steil abfallenden Westküste locken Aktivreisende.

Lopud 18 [J8]

Größer und mit 400 Einw. auch heute noch dichter besiedelt als die südliche Nachbarinsel Koločep war Lopud Sitz des *comes,* des Verwalters der Elaphitischen Inseln. Das Hafenstädtchen an seiner tiefen Bucht trägt deutliche Spuren der Ragusaner Herrschaft, darunter einen Rektorenpalast. Den Hafen bewacht wie eine Festung das **Franziskanerkloster;** tatsächlich wurde es Anfang des 16. Jhs. nach osmanischen Angriffen auf die Inseln zu einem Bollwerk mit Wachttürmen ausgebaut, in dem die Bewohner Schutz fanden. Mehr als 100 Jahre lag dieses Kloster in Ruinen, als Francesca von Habsburg zu Beginn des 21. Jhs. beschloss, es mit priva-

Die Insel Koločep ist eine der drei bewohnten Elaphitischen Inseln

tem Geld behutsam zu renovieren. Weit sind diese Arbeiten allerdings nicht gediehen; in der Klosterkirche sind die gotische Madonna und das Tafelbild von Pietro di Giovanni sehenswert.

Eine Treppe führt von der Uferpromenade in den Park der **Villa Đorđić-Mayneri** mit seinen exotischen Pflanzen; von dem Herrenhaus blieben nur Ruinen. Wenige Schritte weiter das, was vom ebenfalls im 16. Jh. errichteten Franziskanerkloster blieb: schlanke Palmen und die Kirche mit hohem Turm und hübscher Rosette. Ein Stück landeinwärts trifft der erstaunte Besucher auf das im Verfall befindliche **Hotel Grand** im Bauhaus-Stil, errichtet in den 1930er-Jahren, und auf ein Kunstprojekt der Stiftung Thyssen-Bornemisza Art Contemporary: den Pavillon **Your Black Horizon**. Der isländische Künstler Olafur Eliasson und der in Tansania geborene Architekt David Adjaye haben diese ❗ mit dem Licht spielende Installation für die Biennale in Venedig 2005 konzipiert. Seit 2007 bereichert sie Lopud (Mai bis Sept. tgl. 10–19 Uhr).

Lopuds Meerespromenade lädt zu einem Sprung ins Wasser oder zum Bummel bis zum nordwestlichen Kap zu einem hübschen **Aussichtspavillon** mit Traumblick auf Šipan gegenüber. Wer einen der schönsten Strände der Region kennenlernen möchte, macht sich auf den rund halbstündigen Fußweg über den Inselrücken an die Südostbucht von **Šunj** ⭐, ❗ wo Sand perfektes Strandvergnügen garantiert.

Šipan 19 [J8]

Die dritte, größte und nördlichste im Bunde stößt beinahe an die Halbinsel Pelješac. Die beiden Inselorte Šipanska Luka (Nordwesten) und Suđurađ (Südosten) verbindet eine 5 km lange Landstraße, auf der gelegentlich ein Auto oder gar ein Bus fährt. Auf Šipan sind anders als auf den Nachbarinseln noch mehrere Adelsvillen erhalten, und der eindrucksvollsten begegnet der Besucher bereits beim Anlegen des Fährschiffs in **Suđurađ**. Mit Mauer und Wehrtürmen ist der **Ljetnikovac Stjepović-Skočibuha** aus dem 16. Jh. gut gesichert. Der Sommersitz gehört einer medizinischen Gesellschaft aus Split und kann nicht besichtigt werden. Beim Bummel durch den Ort stößt man auf weitere Paläste bzw. deren Ruinen.

Zu Fuß oder mit dem Bus erreicht man **Šipanska Luka,** einen freundlichen Hafenort, dessen Häuser sich um einen üppigen Park gruppieren, umgeben von hübschen Badebuchten. Das gemütliche Hotel Šipan hat sich eine prominente Lage am tiefsten Punkt der lang gezogenen, schmalen Bucht gesichert, und wenige Schritte entfernt, verspricht eines der besten Fischrestaurants Dalmatiens, Kod Marka, höchste Gaumenfreuden.

Infos

Beide Büros sind nur im Sommer besetzt.

Turistički ured Lopud
- Obala I. Kuljevana 12 | 20222 Lopud
  Tel. 020 32 23 22

Elaphitische Inseln **Süddalmatien**

Turistički ured Šipan
- Luka bb | 20233 Šipanska Luka
  Tel. 020 75 80 84

Verkehr

Das Fährschiff der Jadrolinija fährt werktags vier-, sonntags zweimal von Dubrovnik über Koločep, Lopud nach Suđurađ/Šipan. Die Autofähre verkehrt mehrmals wöchentlich (www.jadrolinija.hr).

Hotels

Glavović €€

Zum schönen Steinhaus an der Riva gehört auch ein gutes Restaurant; der Stadtstrand liegt gleich vor der Tür.
- Obala Iva Kukljevana | Lopud
  Tel. 020 75 93 59
  www.hotel-glavovic.hr

Šipan €€

Tolle Lage mit Blick auf die schöne Bucht (Zimmer mit Meerblick wählen!), hübsch eingerichtete Zimmer und ein gutes Restaurant zeichnen dieses Haus aus, das auch Aktivitäten organisiert.
- Šipanska Luka 160 | Šipan
  Tel. 020 36 19 01
  www.hotel-sipan.de

White House Lopud €€

Das ein Stück landeinwärts im Grünen gelegene moderne Haus vermietet hell und angenehm eingerichtete Zimmer und Apartments. Kleiner Außenpool.
- Od Šunja 25 | Lopud
  Tel. 091 540 66 88
  www.whitehouselopud.com

Restaurants

Kod Marka €€€

⚠ Kult nicht nur auf den Elaphiten! Die Leute reisen von weither an (bevorzugt mit eigener Jacht), um in der winzigen Konoba von Marko oder auf dem kleinen Ponton davor zu essen.
- Šipanska Luka | Šipan
  Tel. 020 75 80 07

La Villa €€€

Das Restaurant zählt zu den besten des Archipels und besticht zudem durch die tolle Lage direkt am Meer.
- Obala Iva Kukljevana 33 | Lopud
  Tel. 091 322 01 26
  www.lavilla.com.hr

RobiNzooN €€

Das rustikale Restaurant liegt etwas landeinwärts am Weg zum Sandstrand Šunj und erfreut sich großer Beliebtheit.
- Od polja 7 | Lopud
  Tel. 099 757 40 57

Stara Mlinica €€

Das gemütliche Restaurant steht für absolut frischen und aromatisch zubereiteten Fisch.
- Suđurađ | Šipan
  Tel. 020 75 80 30

Nightlife

Balun

Die Lounge-Bar mit kleinem Ponton im Hafen ist die einzige nennenswerte Abendunterhaltung auf den Elaphiten.
- Suđurađ | Šipan | Tel. 020 75 83 88

Aktivitäten

Auf allen drei Inseln lassen sich schöne Wanderungen unternehmen – verlaufen kann man sich bei der geringen Größe ja nicht wirklich. Vorsicht vor Schlangen! Mehrere Hotels und Agenturen vermieten Kajaks, mit denen Sie sich zu einsamen Strandbuchten aufmachen können.

EXTRA-TOUREN

Klappe hinten Tour 13: Auf der Adria-Magistrale **Extra-Touren**

 # Auf der Adria-Magistrale von Zadar nach Dubrovnik in sieben Tagen

Route: Zadar › Šibenik › Krka-Nationalpark › Primošten › Trogir › Split › Omiš › Makarska › Ston › Dubrovnik

Karte: Klappe hinten
Distanzen: Zadar › Šibenik 105 km/2 Std.; **Šibenik › Krka-Nationalpark** 22 km/35 Min.; **Krka-Nationalpark › Primošten** 43 km/1 Std.; **Primošten › Trogir** 33 km/45 Min.; **Trogir › Split** 28 km/45 Min.; **Split › Omiš** 25 km/45 Min.; **Omiš › Makarska** 39 km/50 Min.; **Makarska › Ston** 110 km/2 Std.; **Ston › Dubrovnik** 55 km/1 Std.
Verkehrsmittel: Eigenes Fahrzeug; die Route lässt sich auch gut mit Bussen bereisen, dann ist allerdings mehr Zeit einzuplanen.

Start ist im norddalmatinischen **Zadar** › S. 60. Die historische Altstadt und ihre »Meeresorgel« hinter sich lassend, folgt man der Küstenstraße nach Süden, vorbei an Badeorten wie Biograd na moru, Pakoštane und Vodice nach **Šibenik** › S. 70. Die Fahrt über begleiten Sie die Silhouetten der Inseln Ugljan und Pašman sowie zahllose Riffe und Inselchen. Ein Abstecher zum **Krka-Nationalpark** › S. 74 bietet üppig grüne Naturkontraste zur steinernen Schönheit von Šibeniks Kathedrale.

Zurück am Meer, bezaubert **Primošten** › S. 75 am zweiten Tag mit seiner malerischen Altstadt und reizvollen Stränden. Auch **Trogirs** › S. 84 historische Gassen atmen das Flair vergangener Jahrhunderte; das Portal seiner Kathedrale zählt zu den Höhepunkten romanisch-gotischer Steinmetzkunst. Am dritten Tag an der **Kaštelanska Riviera** › S. 87 entlang, nähert sich die Route der großen Hafenstadt **Split** › S. 88. Römische Spuren, venezianisches Erbe sowie quirliges Stadt- und Strandleben wollen mindestens einen Tag genossen sein.

Am vierten Tag geht es vom Kaiserpalast ins Korsarennest: Von **Omiš** › S. 96 aus machten Piraten die

Oben: Blick über die Altstadt von Omiš auf das Neubauviertel mit Kiesstrand
Links: Raftingtour auf der Cetina

Im Arboretum Trsteno

Adria unsicher, bis Venedig sie vertrieb. Ein hübsches Städtchen, Traumstrände und eine Raftingtour auf dem Fluss Cetina lassen den Tag im Flug vergehen.

Auch am fünften Tag steht nur eine kurze Etappe auf dem Programm, denn an den weiten Strandbuchten von **Makarska** › S. 98 nur vorbeizurauschen wäre viel zu schade! Vielleicht reizt Sie aber auch eine kleine Bergtour auf den 1762 m hohen **Sv. Jure** › S. 80?

Früh losfahren heißt die Devise am sechsten Tag, denn die Etappe ist lang und wegen der zu passierenden Grenze von Bosnien und Herzegowina (und wieder zurück nach Kroatien) zeitraubend. **Ston** › S. 125 belohnt mit einem feinen Mittagessen für den Stress: Austern oder Muscheln, was wäre Ihnen lieber? Dann auf zur letzten Etappe: Auf dem Weg nach Süden am siebten Tag stoppen Sie unbedingt in **Trsteno** › S. 142 und besuchen das dortige Arboretum. Abends ist dann die »Königin der Ostadria«, **Dubrovnik** › S. 134, erreicht.

Eine Woche per Auto/Schiff auf den mittel- und süddalmatischen Inseln

Route: Split (Fähre) › **Vela Luka (Insel Korčula)** › **Korčula-Stadt** › **Orebić/Halbinsel Pelješac (Fähre)** › **Ston** › **Makarska** › **Sumartin (Insel Brač, Fähre)** › **Bol** › **Pučišća** › **Supetar** › **Split (Fähre)**

Karte: Klappe hinten
Distanzen: Split › **Vela Luka** Fähre 2 Std. 45 Min.; **Vela Luka** › **Korčula-Stadt** 41 km/1 Std.; **Korčula-Stadt** › **Orebić** Fähre 15 Min.; **Orebić** › **Ston** 58 km/1 Std. 15 Min.; **Ston** › **Makarska** 109 km/2 Std.; **Makarska** › **Sumartin** Fähre 1 Std.; **Sumartin** › **Bol** 27 km/40 Min.; **Bol** › **Pučišća** 22 km/35 Min.; **Pučišća** › **Supetar** 25 km/40 Min.; **Supetar** › **Split** Fähre 50 Min.
Verkehrsmittel: Eigenes Fahrzeug und Fähren. Mit öffentlichen Verkehrsmitteln nur sehr schwer und zeitraubend zu bewältigen. **Achtung:** Informieren Sie sich aktuell über die Fährverbindungen. Sie unterliegen von Jahr zu Jahr Änderungen, sodass ggf. eine Änderung der Routenführung nötig wird.

Tour 14: Mittel- und süddalmatische Inseln **Extra-Touren**

Meisterwerke aus Stein kommen aus der Steinmetzschule in Pučišća auf der Insel Brač

Am ersten Tag steht eine mit knapp drei Stunden relativ lange Fährpassage von **Split** › S. 88 nach **Vela Luka** › S. 133 auf der Insel Korčula an. Genießen Sie die Fahrt durch die faszinierende Inselwelt Dalmatiens, vorbei an Brač und Hvar. Nach Besichtigung des Hafenstädtchens fahren Sie quer durch die ebenso fruchtbare wie ländliche Insel von Dorf zu Dorf nach Osten bis **Korčula-Stadt** › S. 130, das Besucher mit beinahe mondänem Flair empfängt.

Am zweiten Tag bleibt vormittags noch Zeit für einen Stadtbummel, dann »hüpfen« Sie mit der Fähre hinüber nach **Orebić** › S. 127 auf der Halbinsel Pelješac. Und vergessen Sie nicht, vom Schiff aus ein Foto von Korčula zu machen – die Stadt zeigt sich vom Meer aus von ihrer hübschesten Seite. Die Halbinsel nach Südosten durchfahrend, erreichen Sie **Ston** › S. 125 mit seiner Wehrmauer und Restaurants, die frische Austern servieren.

An der Festlandsküste nach Norden fahrend, passieren Sie am dritten Tag den bosnischen Korridor bei Neum (Grenzkontrollen › S. 19) und erreichen die **Makarska Riviera** › S. 97. Ein Bad an den windgeschützten Stränden von **Makarska** › S. 98 bringt nach der Fahrt Entspannung.

Am vierten Tag geht es weiter mit der Fähre: Von Makarska setzt man nach Sumartin auf der Insel Brač über und folgt dann den Hinweisschildern nach **Bol** › S. 102. Am angeblich schönsten Strand Dalmatiens, dem »Goldenen Horn«, steht ein weiterer Badetag an.

Etwas Kultur gefällig am fünften Tag? **Pučišća** › S. 106 an der Nordküste von Brač ist ein Zentrum der Bračer Steinmetze und unbedingt einen Besuch wert. Dann geht's nach Westen bis **Supetar** › S. 104, wo die Fähre Sie zurückbringt nach Split.

Infos von A–Z

Ärztliche Versorgung
Die medizinische Versorgung in Kroatien entspricht mitteleuropäischem Standard. Städte verfügen in der Regel über ein Krankenhaus *(bolnica)*, kleinere Ortschaften zumindest über eine ambulante Erstversorgung. Apotheken *(apoteka)* sind meist von 7–19 Uhr geöffnet. Bei der Suche nach einem Arzt *(doktor)* helfen Hotelmitarbeiter oder die Gastgeber. Da Kroatien EU-Mitglied ist, werden notwendige medizinische Leistungen nach Vorlage der Gesundheitskarte direkt mit der Krankenkasse abgerechnet. Der Abschluss einer **Auslandskrankenversicherung** mit Rückholversicherung ist empfehlenswert.

Barrierefreies Reisen
Reisende mit Handicaps finden in vielen Hotelanlagen behindertengerechte Einrichtungen; das vom Fremdenverkehrsamt herausgegebene Hotelverzeichnis weist auf diese Häuser hin. Allerdings schränken felsige und steinige Strände den Meereszugang oft ein.

Diplomatische Vertretungen
- **Deutsche Botschaft**
  Ulica grada Vukovara 64
  10000 Zagreb, Tel. 01/6 30 01 00
  www.zagreb.diplo.de
- **Österreichische Botschaft**
  Radnička c. 80, 10000 Zagreb
  Tel. 01/4 88 10 50
  www.aussenministerium.at/agram
- **Österreichisches Honorargeneralkonsulat**
  Klaičeva poljana 1, 21000 Split
  Tel. 021 32 25 35
- **Schweizerische Botschaft**
  Bogovićeva 3, 10000 Zagreb
  Tel. 01/4 87 88 00
  www.eda.admin.ch/zagreb
- **Schweizerisches Konsulat**
  c/o Hotel Split, Strožanačka 20
  21312 Podstrana
  Tel. 021 42 04 22

Einreise
Für die Einreise benötigen Deutsche, Österreicher und Schweizer für den Aufenthalt von bis zu drei Monaten einen gültigen Personalausweis oder Pass.

Für Autofahrer sind Führerschein und bei eigenem PKW die Zulassungsbescheinigung 1 obligatorisch. Empfehlenswert ist die Mitnahme der Grünen Versicherungskarte, die bei einem Unfall die Abwicklung erleichtert.

Elektrizität
Die Netzspannung beträgt 220 Volt; Adapter sind nicht notwendig.

Feiertage
1. Januar (Neujahr); 6. Januar (Hl. Drei Könige); Ostermontag; 1. Mai (Tag der Arbeit); Fronleichnam; 22. Juni (Jahrestag des antifaschistischen Kampfes); 25. Juni (Staatsfeiertag); 5. August (Tag des Sieges); 15. August (Mariä Himmelfahrt); 8. Oktober (Unabhängigkeitstag); 1. November (Allerheiligen); 25./26. Dezember (Weihnachten)

Geld und Währung
Offizielle kroatische Wahrung ist die **Kuna/Kn (HRK)**. 1 Kuna unterteilt sich in 100 Lipa (Lp). Diese Münzen sind im Wert von 10, 20 und 50 Lipa sowie von 1, 2 und 5 Kuna im Umlauf. Banknoten gibt es im Wert von 5, 10, 20, 50, 100, 200, 500 und 1000 Kuna.

Bei der Ein- und Ausreise darf man ausländische Zahlungsmittel in beliebiger Höhe mitnehmen, muss aber Geld ab dem Gegenwert von 10 000 € dem

Infos von A–Z

Zoll melden. Der Umtausch vor Ort ist meist günstiger als im Heimatland.

Wechselkurse (Stand: Mai 2017): 1 € = 7,43 Kn, 1 CHF = 6,81 Kn, 10 Kn = 1,35 €, 10 Kn = 1,47 CHF

Geldautomaten und Wechselstuben finden sich in jedem größeren Ort; auch in Tourismusbüros, Banken oder an der Hotelrezeption können Kuna gewechselt werden. In touristischen Regionen wird häufig auch der Euro als Zahlungsmittel akzeptiert.

Haustiere
Für Hunde und Katzen muss ein EU-Heimtierausweis mit tierärztlichem Gesundheitszeugnis vorgelegt werden, das maximal vier Monate alt sein darf.

Information
Kroatische Zentrale für Tourismus:
- Stephanstr. 13, 60311 **Frankfurt/M.**
  Tel. 069/2 38 53 50
  http://de.croatia.hr
- Sonnenstr. 8, 80331 **München**
  Tel. 089/22 33 44
- Liechtensteinstr. 22 a, 1090 **Wien**
  Tel. 01/5 85 38 84
  http://at.croatia.hr

Die Büros bearbeiten auch Anfragen aus der Schweiz

Tourismusinformationen vor Ort heißen **Turistička zajednica,** kurz TZ; ihre Adressen finden Sie bei den jeweiligen Orten. **Turist biro** oder **Turist info** nennen sich häufig private Reisebüros, die gegen Gebühr z. B. Hotelzimmer oder Privatunterkünfte vermitteln oder Fährtickets verkaufen.

Internet
Zugang zum Internet bieten vielerorts die Gemeinden (kostenfreies WLAN an Hauptplätzen) und so gut wie alle gastronomischen Betriebe, wo der Gast unkompliziert den Zugangscode erhält.

Gemüseverkauf auf dem Markt in Split

Auch in Hotels, Pensionen und auf Campingplätzen ist kostenfreies Internet inzwischen üblich.

Mietwagen
Alle internationalen Verleihfirmen sind in den Touristenzentren und größeren Städten vertreten; zudem gibt es eine Vielzahl lokaler Anbieter. Über die jeweils günstigsten Tarife informiert die Website www.billiger-mietwagen.de.

Notruf
- Mehrsprachiger **EU-Notruf**: Tel. 112
- **Polizei** *(policija)*: Tel. 92
- **Feuerwehr** *(vatrogasci)*: Tel. 93
- **Unfallrettung** *(hitna pomoč)*: Tel. 94
- **Pannenhilfe HAK** (Hrvatski Auto Klub): Tel. 9 87

Urlaubskasse	
Tasse Kaffee	1,50 €
Softdrink	2,20 €
Glas Bier	2,20 €
Burek	3 €
Kugel Eis	1 €
Taxifahrt (pro km)	1,50 €
Mietwagen/Woche	89 €

Infos von A–Z

Öffnungszeiten
- **Geschäfte** haben keine gesetzlich geregelten Öffnungszeiten. Sie sind meist Mo–Sa 7.30–12.30 Uhr und 17–20 Uhr geöffnet, große Supermärkte durchgehend von 8–20 Uhr.
- **Restaurants** in den Feriengebieten sind meist täglich von 11–23 Uhr geöffnet; nur die wenigsten haben einen Ruhetag oder schließen am Nachmittag.
- **Banken:** Schalterstunden in größeren Städten Mo–Fr 7–19, Sa 7–13 Uhr, in kleineren Ortschaften sind sie über Mittag geschlossen.
- **Postämter** sind Mo–Fr 7–19, Sa 8–13 Uhr geöffnet

Post
Briefmarken *(poštanska marka)* werden in Postämtern (HPT), an Zeitungskiosken *(tisak)* und Tabakkiosken *(duhan)* verkauft.

Rauchverbot
In allen öffentlichen Gebäuden gilt striktes Rauchverbot. Hotels, Restaurants, Cafés dürfen jedoch spezielle Raucherzimmer einrichten.

Restaurant in der Altstadt von Dubrovnik

Sicherheit
Kroatien ist ein sicheres Urlaubsland, doch sollte man die üblichen Vorkehrungen beachten, wie keine Wertgegenstände im Auto oder im Hotelzimmer lassen oder beim Stadtbummel nur Notwendiges an Wert mitnehmen und dies sicher verstauen. Das Auswärtige Amt warnt wegen immer noch existierender **Landminengefahr** davor, in den bis zum Sommer 1995 von serbischen Separatisten gehaltenen Gebieten Straßen und Wege zu verlassen (aktuelle Infos auf www.auswaertiges-amt.de).

Telefon und Handy
An öffentlichen Fernsprechern benötigt man eine Telefonkarte *(telefonska kartica)*, erhältlich bei der Post und an Kiosken. Roaminggebühren für Handytelefonate fallen inzwischen weg.

Trinkgeld
In der Gastronomie und Hotellerie ist der Service im Preis inbegriffen. Über ein Trinkgeld von etwa 10 % für guten Service freuen sich Bedienungen und Taxifahrer aber selbstverständlich.

Vorwahlnummern (international)
- nach Deutschland 00 49
- nach Österreich 00 43
- in die Schweiz 00 41
- nach Kroatien 0 03 85

Nach der internationalen Kennung folgt die Ortsvorwahl ohne 0, dann die Rufnummer. Die **Auskunft** für ganz Kroatien erreicht man unter 988.

Zollbestimmungen
Es gelten die Ein- und Ausfuhrbestimmungen innerhalb der EU. Gegenstände des persönlichen Bedarfs, die den Gegenwert von 1000 Kuna übersteigen, müssen deklariert werden. Die Ausfuhr archäologischer Fundstücke und von Kunstgegenständen ist verboten.

Register

Adjaye, David 146
Aleši, Andrija 85
Arboretum Trsteno 143

Bašić, Nikola 62
Biokovo-Gebirge 15, **37,** 99
Biokovo-Naturpark 80
Biševo, Insel 116
Blato 133
Blaue Grotte (Insel Biševo) 15, 17, **116**
Bol 102
Bootfahren 13, **26**
Božava 67
Bračer Marmor 40, **102,** 106
Brač, Insel 15, **102**
Brela 97
Bukovac, Vlaho 39, **144**

Cavtat 143
Cetina, Fluss 37
Cetina-Schlucht 12, **79**
Čiovo, Insel 86

Dalmatinac, Juraj 14, **39,** 56, 70, 71, 90, 138
Dešković, Branislav 102
Dinarisches Gebirge 37
Držić, Martin 41
Dubrava 127
Dubrovnik 134
• Alter Hafen 138
• Altstadt 135
• Buža-Bar 15
• Dominikanerkloster 15, **138**
• Festungen 139
• Fort Sv. Ivan 138
• Franziskanerkloster 13, **135**
• Geschichte 134
• Großer Onofrio-Brunnen 135
• Kathedrale Mariä Himmelfahrt 138
• Kirche Sv. Vlaho 137
• Kleiner Onofrio-Brunnen 136
• Luža 136
• Pile-Tor 135
• Placa 136
• Ploče-Tor 138
• Prijeko-Gasse 139
• Rektorenpalast 138
• Sponza-Palast 136
• Srđ, Berg 140
• Stadtmauer 139
• Stradun 136
• Synagoge 139
Dugi otok, Insel 54, **66**

Elaphitische Inseln 144
Eliasson, Olafur 146

Fiorentinac, Nikola **39,** 70, 85, 108

Game of Thrones 14, **136,** 142

Goldenes Horn 102
Grüne Grotte (Insel Ravnik) 15
Gundulić, Ivan **41,** 121

Hektorović, Petar 41, **108,** 110
Hölleninseln 108, **113**
Hvar, Insel 81, **106**
Hvar, Stadt 107

Iž, Insel 66

Jelsa 112

Kajak 15, **30,** 87, 98, 110, 115, 142, 147
Karl May 19
Kaštelanska Riviera 87
Kitesurfen 12, **27,** 30, 104, 128
Klapa **40,** 42
Klettern 24, **28,** 65, 66, 110
Kolan 57
Koločep 145
Konavle-Tal 124
Korčula, Insel 129
Korčula, Stadt 15, **130**
Kornati 12, 14, **68**
Kornat, Insel 69
Krka, Fluss 37
Krka-Nationalpark 74

Lagunen von Nin 12, **64**
Lokrum, Insel 142
Lopud 145
Lucić, Hanibal 41, **108**
Lumbarda 15, **132**
Lun, Halbinsel 51, **60**

Makarska 14, **98**
• Strände 99
Makarska Riviera 97
Marco Polo 17, **19,** 129, 130
Marinkovac, Insel 113
Meštrović, Ivan 40, 65, 71, 89, **90,** 91, 92, 144
Michelozzi, Michelozzo 138
Mljet, Insel 19, **120**
Mostar (Bosnien und Herzegowina) 100
Murter, Insel 69

Neretva-Delta 118
Neretva, Fluss 37

Register

Neum 19
Nin 12, **64**
Ninski, Grgur 40, **41**, 65, 89
Novalja 57

Odysseus 19
Omiš 96
Orebić 127

Pag, Insel 50, **55**
Pag, Stadt 55
Paklenica-Schluchten 65
Pakleni otoci 108, **113**
Pašman, Insel 51, **69**
Pelješac, Halbinsel 125
Plitvice, Nationalpark 59
Politik 34
Postira 106
Potomje 127
Prapratno 127
Pučišća 106
Pupnatska Luka 132

Radfahren 24, **28**, 50, 110, 111, 120
Radovan, Meister 84
Rafting 79, 96
Ragusa 19, 36, 39, 124, 125, 128, **134**
Ravnik, Insel 15
Rijeka Dubrovačka 121

Sali 67
Salona 95
Segeln 24, **26**
Seidenstickerei **41**, 124
Šibenik 70
• Altstadt 71
• Dalmatinac-Denkmal 71
• Festung Barone 14, **72**
• Festung Sv. Mihovil 71
• Kathedrale Sv. Jakov 14, **70**
• Loggia 71
• Primošten 75
• Samostan Sv. Lovre 71
• Zisterne 71
Silba, Insel 66
Šipan 146
Škrip 106
Split 77, 88
• Altstadt 91
• Archäologisches Museum 93
• Diokletianpalast 89
  ◦ Baptisterium 90
  ◦ Jupitertempel 90
  ◦ Kathedrale Sv. Duje 90
  ◦ Paläste 91
  ◦ Peristyl 90
  ◦ Porta Aenea 89
  ◦ Porta Argenta 89
  ◦ Porta Aurea 89
  ◦ Porta Ferrea 89
  ◦ Podrumi 89
• Galerija Meštrović 92
• Marjan-Hügel 92
• Narodni trg 91
• Stari Pazar, Markt 92
• Statue des Grgur Ninski 89
• Strände 12, **95**
Stari grad 110
Starogradsko polje 112
Ston 125
Strände **23**, 27, 86, 95, 116, 132, 133, 146
Supetar 13, **104**
Sv. Jerolim, Insel 113
Sv. Jure 80
Sv. Klement, Insel 113

Tauchen 12, **26**, 105, 115, 127, 132, 144
Telašćica, Bucht 12, **67**
Telašćica, Naturpark 67
Trogir 84
Trsteno 143

Ugljan, Insel 51, **69**

Vela Luka 133
Velebit-Gebirge 37, 38, **49**, 59, 65
Verkehr 35
Verwaltung 34
Viganj 128
Vis, Insel 113
Vis, Stadt 114
Vodice 75
Vojnović, Ivo 41
Vrboska 112

Währung 152
Wandern 24, **28**, 49, 80, 147
Wein 13, 14, **45**, 126, 127, 129, 132
Windsurfen 12, **27**, 30, 95, 128
Wirtschaft 35

Yoga **12**, 111, 114
Your Black Horizon 146

Zadar 60
• Altstadt 60
• Archäologisches Museum 62
• Forum 61
• Foša 60
• Gruß an die Sonne 62
• Kopnena vrata 60
• Meeresorgel 12, **62**
• Muzej antičkog stakla 60
• Narodni trg 61
• Široka ulica 61
• Sv. Donat 61
• Sv. Šime 60
• Sv. Stošija 61
• Trg pet bunara 60
• Zlato i srebro Zadra 62
Zadarer Archipel 66
Zlatni rat 102
Žuljana 127

Impressum

Bildnachweis

Coverfoto: Altstadt von Dubrovnik © Bildagentur Huber/Kremer
Fotos Umschlagrückseite: © Bildagentur Huber/Kremer: U4-1 (links); © laif/Dorothea Schmid: U4-2 (Mitte); © Shutterstock/lukaszimilena: U4-3 (rechts)

Alamy Stock Photo/Nino Marcutti: 148; Alamy Stock Photo/RnDmS: 32/33; Alamy Stock Photo/Bosiljka Zutich: 105; AWL Images/Alan Copson: 143; Bildagentur Huber/Debelkova: 48; Bildagentur Huber/Justin Foulkes: 98, 121; Bildagentur Huber/Paolo Giocoso: 151; Bildagentur Huber/Gräfenhain: 71; Bildagentur Huber/Kremer: 6/7, 61, 117, 139; Bildagentur Huber/Tuul & Bruno Morandi: 46/47; Getty Images/Jorg Greuel: 20/21; Heidi Gruber: 13, 97, 103; Hotel San Marco: 109; Friedrich Köthe & Daniela Schetar: 10 oben; laif/Le Figaro Magazin/Martin: 129; laif/Dorothea Schmid: 85; imago/Pixsell: 92; mauritius images/Rainer Hackenberg: 87; seasons.agency/Gerald Hänel: 135; Shutterstock/biggunsband: 69; Shutterstock/bubutu: 111; Shutterstock/Ajan Alen: 74, 131; Shutterstock/Simun Ascic: 127; Shutterstock/Natalia Bratslavsky: 57; Shutterstock/Emi Cristea: 149; Shutterstock/Istvan Csak: 42; Shutterstock/Jura Dolezal: 81; Shutterstock/Dreamer4787: 86, 95; Shutterstock/Stefano Ember: 35; Shutterstock/Fotokon: 101; Shutterstock/Peter Gudella: 28; Shutterstock/Anton_Ivanov: 154; Shutterstock/Jazzmany: 153; Shutterstock/JGA: 26; Shutterstock/Simon Kovacic: 51; Shutterstock/LianeM: 112; Shutterstock/lukaszimilena: 76; Shutterstock/Don Mammoser: 78, U2-2; Shutterstock/MP cz: 38; Shutterstock/Mrak.hr: 132; Shutterstock/Nadalina: 31; Shutterstock/nadtochiy: 150; Shutterstock/Ihor Pasternak: 8; Shutterstock/Michael Paschos: 40, 90; Shutterstock/paul prescott: 67, 89, 141; Shutterstock/RnDmS: U2-3; Shutterstock/S-F: 100, U2-4; Shutterstock/Irina Sen: 37; Shutterstock/Rostislav_Sedlacek: 107; Shutterstock/Tatiana Shemyakina: 125; Shutterstock/sparc: 65; Shutterstock/supergenijalac: 16; Shutterstock/Taromon: 59; Shutterstock/Miha Travnik: 27; Shutterstock/weniliou: U2-1; Shutterstock/WitR: 145; Shutterstock/xbrchx: 15, 23, 52, 115; Shutterstock/ZM_Photo: 10 unten; stock.adobe.com/pershing: 30; stock.adobe.com/paul prescott: 55.

Liebe Leserin, lieber Leser,
wir freuen uns, dass Sie sich für diesen POLYGLOTT on tour entschieden haben. Unsere Autorinnen und Autoren sind für Sie unterwegs und recherchieren sehr gründlich, damit Sie mit aktuellen und zuverlässigen Informationen auf Reisen gehen können. Dennoch lassen sich Fehler nie ganz ausschließen. Wir bitten Sie um Verständnis, dass der Verlag dafür keine Haftung übernehmen kann.

Ihre Meinung ist uns wichtig. Bitte schreiben Sie uns:
GRÄFE UND UNZER VERLAG
Postfach 86 03 66, 81630 München, Tel. 0 89 / 419 819 41
www.polyglott.de

LESERSERVICE
polyglott@graefe-und-unzer.de
Tel. 0 800 / 72 37 33 33 (gebührenfrei in D, A, CH), Mo–Do 9–17 Uhr, Fr 9–16 Uhr

1. Auflage 2018

© 2018 GRÄFE UND UNZER VERLAG GmbH, München
Dieses Buch wurde auf chlorfrei gebleichtem Papier gedruckt.
ISBN 978-3-8464-0102-6

Alle Rechte vorbehalten. Nachdruck, auch auszugsweise, sowie die Verbreitung durch Film, Funk, Fernsehen und Internet, durch fotomechanische Wiedergabe, Tonträger und Datenverarbeitungssysteme jeglicher Art nur mit schriftlicher Genehmigung des Verlages.

Bei Interesse an maßgeschneiderten POLYGLOTT-Produkten:
Verónica Reisenegger
veronica.reisenegger@graefe-und-unzer.de

Bei Interesse an Anzeigen:
KV Kommunalverlag GmbH & Co KG
Tel. 089/928 09 60
info@kommunal-verlag.de

Redaktionsleitung: Grit Müller
Verlagsredaktion: Anne-Katrin Scheiter
Autor: Friedrich Köthe
Redaktion: Karen Dengler
Bildredaktion: Tobias Schärtl
Mini-Dolmetscher: Langenscheidt
Layoutkonzept/Titeldesign:
fpm factor product münchen
Karten und Pläne: Theiss Heidolph und Kunth Verlag GmbH & Co. KG
Satz: Tim Schulz, Mainz
Herstellung: Anna Bäumner
Druck und Bindung:
Printer Trento, Italien

PEFC/18-31-506

GRÄFE UND UNZER

Ein Unternehmen der
GANSKE VERLAGSGRUPPE

Mini-Dolmetscher Kroatisch

Allgemeines

Guten Morgen.	Dobro jutro. [**dobro ju**trot]
Guten Tag.	Dobar dan. [**dobar dan**]
Guten Abend.	Dobro veće. [**dobro wätschä**]
Hallo!	Zdravo! [**sdra**wo]
Wie geht's?	Kako je? [**kako jä**]
Danke, gut.	Hvala, dobro. [**chwala dobro**]
Ich heiße ...	Zovem se ... [**sowäm ßä**]
Auf Wiedersehen!	Do viđenja! [**do widsehänja**]
Morgen	jutro [**jutro**]
Vormittag	prijepodne [**prijäpodnä**]
Nachmittag	popodne [**popodnä**]
Abend	večer [**wätschär**]
Nacht	noć [**notsch**]
morgen	sutra [**ßutra**]
heute	danas [**danas**]
Sprechen Sie Deutsch / Englisch?	Govorite li njemački / engleski? [**gowori**tä li **njä**matschki / **äng**läski]
Wie bitte?	Molim? [**molim**]
Ich verstehe nicht.	Ne razumijem. [**nä rasu**mijäm]
Sagen Sie es bitte noch einmal.	Recite još jedanput, molim. [**rät**ßite josch jä**dan**put **molim**]
..., bitte.	..., molim. [**molim**]
Danke.	Hvala. [**chwala**]
Keine Ursache.	Nema na čemu. [**näma na tschämu**]
was / wer / welcher	što / kto / koji [**schto / kto / koji**]
wo / wohin	gdje / kamo [**gdjä / kamo**]
wie / wie viel	kako / koliko [**kako / koliko**]
wann / wie lange	kada / kako dugo [**kada / kako du**go]
Wie heißt das?	Kako ovo se zove na hrvatskom? [**kako owo ßä sowa na chr**watskom]
Wo ist ...?	Gdje je ...? [**gdjä jä**]
Können Sie mir bitte helfen?	Molim Vas, možete li mi pomoći? [**molim waß mosehäte li mi po**motschi]
ja	da [**da**]
nein	ne [**nä**]
Entschuldigen Sie!	Oprostite! [**opros**titä]
Das macht nichts.	Nema veze. [**näma wäsä**]

Shopping

Wo kann ich ... kaufen?	Gdje mogu kupiti ...? [**gdjä mogu ku**piti]
Wie viel kostet das?	Koliko košta? [**koliko kosch**ta]
Wo ist eine Bank / Wechselstube?	Gdje je banka / mjenjačnica? [**gdjä jä ban**ka / mjänjatsch**nit**ßa]
Geben Sie mir 100 g Käse / zwei Kilo Orangen.	Dajte mi deset deka sira / dva kila naranča. [**daj**ta mi **dä**sät **dä**ka sira / dwa kila naran**tscha**]
Haben Sie deutsche Zeitungen?	Imate li njemačke novine? [**imatä li njä**matschkä **no**winä]
Wo kann ich telefonieren / eine Telefonkarte kaufen?	Gdje mogu telefonirati / kupiti telefonsku karticu? [**gdjä mogu täläfo**nirati / **ku**piti tälä**fon**sku kar**titßu**]

Essen und Trinken

Die Speisekarte, bitte.	Jelovnik, molim. [**jä**lownik **molim**]
Brot	kruh [**kruch**]
Kaffee	kava [**ka**wa]
Tee	čaj [**tschaj**]
mit Milch / Zucker	s mljekom / sa šećerom [ß **mljä**kom / ßa **schä**tschärom]
Orangensaft	sok od naranča [ßok od naran**tscha**]
Suppe	juha [**jucha**]
Fisch / Meeresfrüchte	riba / morski plodovi [**riba / mor**ski **plo**dowi]
Fleisch	meso [**mäßo**]
Geflügel	perad [**pärad**]
vegetarische Gerichte	vegetarijanska jela [wägätari**jan**ska **jä**la]
Eier	jaja [**jaja**]
Salat	salata [**ßa**lata]
Dessert	desert [**dä**ßärt]
Obst	voće [**wot**schä]
Eis	sladoled [**ßla**doläd]
Wein	vino [**wino**]
weiß / rot / rosé	bijelo / crno / ružica [**bijälo / tsrno / ruse**hitßa]
Bier	pivo [**piwo**]
Wasser	voda [**woda**]
Mineralwasser	mineralna voda [minä**ralna wo**da]
mit / ohne Kohlensäure	sa ugljičnom kiselinom / bez ugljične kiseline [ßa **uglj**itschnom **ki**ßälinom / bäs **uglj**itschne **ki**ßälinä]
Limonade	limunada [**limu**nada]

Notizen

Meine Entdeckungen

Clevere Kombination mit POLYGLOTT Stickern
Einfach Ihre eigenen Entdeckungen mit Stickern von 1–16 in der Karte markieren und hier eintragen. Teilen Sie Ihre Entdeckungen auf facebook.com/polyglott1.

Checkliste Dalmatien

Nur da gewesen oder schon entdeckt?

☐ **Ballspiel im flachen Wasser**
Jede Menge Spaß ist garantiert, wenn ein Mini-Ball, ein paar nette Leute, ein Strand und seichtes Meer aufeinandertreffen – dann nämlich ist Picigin angesagt, das Kult-Wasserballspiel aus Split! › S. 12

☐ **Treiben lassen**
Rauf aufs Board, Segel hochziehen und los: Die Wasserstraße zwischen Brač und Hvar ist ein perfekter Windsurfspot. Anfänger starten morgens, wenn der Wind noch schwächer ist. › S. 12

☐ **Pipi trinken**
Die kroatische Orangenlimonade mit dem eigenwilligen Namen gehört zu einem Dalmatienurlaub unbedingt dazu. Schmeckt trotz ihres Namens richtig gut. › S. 13

☐ **Bis an den Horizont**
Über Felsklippen und Inselchen reicht der Blick von der Felsklippe Stene auf Dugi otok fast bis Italien. Der ganze Zauber der dalmatinischen Inselwelt liegt Ihnen zu Füßen. › S. 22

☐ **Paradiesisch übernachten**
Familie Meneghello hat auf Palmižana, einem Eiland der »Hölleninseln«, ein Paradies geschaffen. Gäste wohnen in einem der in mediterraner Landschaft verteilten Bungalows. Traumhaft! › S. 29

☐ **Der Weg zum Strand**
Ein bisschen laufen und klettern, dann ist die bezaubernde plaža Stiniva auf Vis erreicht – ein toller Lohn für die Mühe! › S. 27

Mitbringsel für daheim

Kirschlikör: Mit Maraschino schmeckt das ganze Jahr nach Sommer. › S. 15

Arancini: Die kandierten Bitterorangen schmecken lecker und sind ewig haltbar. › S. 17